A.-D. Sertillanges

JESUS

Ele é o Inefável
de que falamos até hoje.

Tradução **Lara Christina de Malimpensa**

Copyright desta edição © 2021 Editora Filocalia
Título original: *Jésus*

editor
Edson Manoel de Oliveira Filho

produção editorial
Editora Filocalia

preparação de texto
Lucia Leal Ferreira

revisão
Trisco Comunicação

projeto gráfico
Fernando Moser

capa e diagramação
Nine Design Gráfico | Mauricio Nisi

Reservados todos os direitos desta obra. Proibida toda e qualquer reprodução desta edição por qualquer meio ou forma, seja ela eletrônica ou mecânica, fotocópia, gravação ou qualquer outro meio de reprodução, sem permissão expressa do editor.

DADOS INTERNACIONAIS DE CATALOGAÇÃO NA PUBLICAÇÃO (CIP) DE ACORDO COM ISBD

S489j
    Sertillanges, A.-D.
        Jesus: Ele é o Inefável de que falamos até hoje / A. D. Sertillanges ; traduzido por Lara Christina de Malimpensa. - São Paulo : Filocalia, 2021.
        136 p. ; 13cm x 18cm.

        Tradução de: Jésus
        ISBN: 978-65-88143-17-9

        1. Religião. 2. Cristianismo. 3. Jesus. I. Malimpensa, Lara Christina de. II. TÍTULO.

2021-1334   CDD: 240
                                                                                          CDU: 24

Elaborado por Vagner Rodolfo da Silva - CRB-8/9410

Índice para catálogo sistemático:
1. Religião : Cristianismo 240
2. Religião : Cristianismo 24

Editora Filocalia Ltda.
Rua França Pinto, 509 · São Paulo SP · 04016-032 · Telefone: (5511) 5572 5363
atendimento@editorafilocalia.com.br · www.editorafilocalia.com.br

Este livro foi impresso pela Pancrom em junho de 2021.
Os tipos são da família Apple Garamond. O papel do miolo é o Pólen Soft 80,
e o da capa cartão Supremo 250 g.

Com base no relatório favorável dos examinadores,
permitimos-lhe a impressão.
Paris, 22 de maio de 1903.

G. Lefebvre
Vig. ger.

Sumário

Prefácio 9

I. A pessoa de Jesus 11

II. O berço de Jesus 27

III. A vida solitária de Jesus 37

IV. A pregação de Jesus 53

V. A oração de Jesus 69

VI. Jesus e a autoridade judaica 85

VII. Jesus e seus discípulos 103

VIII. Jesus e a natureza 119

Prefácio

presentamos aos leitores algumas páginas sobre Jesus.
Ao retornar de uma viagem ao país do Evangelho, com o coração pleno das visões que, a cada passo, surgem naqueles percursos, não pudemos resistir ao impulso a que toda admiração está sujeita, e escrevemos este volume.

Fala-se muito de Cristo – nos dias atuais –, mesmo entre os que o ignoram, ou secretamente o odeiam.

E, cumpre dizê-lo, não foi sempre com perfeita retidão de alma que se abordou esse tema.

Alguns, não conseguindo resolver-se a reconhecer em Jesus a divindade, são obrigados a conformar-se com seus esplendores humanos. A sinceridade destes, que são julgados por Deus, é algo que não nos cabe discutir; no entanto, existem aqueles nos quais se vê com demasiada clareza a parcialidade de glorificar o homem para, sob as rosas, sufocar o Deus. É preciso compadecer-se deles! É preciso também desmascará-los, mas essa não é aqui nossa tarefa. Não deixaremos de explorar um ponto de vista porque outros abusam dele. Tudo em Jesus é admirável, e manso, e instrutivo, e cativante, tanto sua alma como sua vida, tanto seus atos como o meio em que se realizam. Contudo, é preciso ter o cuidado de não esquecer que, em Jesus, o homem só é feito para expressar o Deus; que o cenário exterior de sua vida humana não deve esconder de nós a trama divina e que, em sua pessoa de carne e em seus atos, ele é, em suma, apenas como a nave do templo, onde o culto começa, mas para consumar-se somente no altar.

I. A pessoa de Jesus

A pessoa de Jesus explica suas obras, e suas obras só se revelam verdadeiramente a partir do brilho de sua pessoa, sendo esse estado de espírito indispensável, portanto, a quem lê o Evangelho: refletir sobre quem ele é, ao ver o que ele faz. Daí esse preâmbulo necessário.

Como considerar a pessoa de Jesus? Reportando-se a suas origens. E, para conhecer suas origens, quais são nossas fontes? A história, tal como a compõem os Evangelhos, as tradições; a autoridade que emana do próprio Jesus, a Igreja; por fim, as conclusões que podemos legitimamente extrair, sem nenhuma pretensão à infalibilidade, das condições especiais de seu nascimento e daquilo que a fé nos ensina sobre ele.

De acordo com essas fontes, o que sabemos?

Jesus nasce de uma mulher. Essa mulher, porém, tem um nome que não permite que a confundamos com nenhuma outra. É a mulher ideal, adornada de todas as belezas, coroada de todas as graças. Seus privilégios são tão grandes que a eternidade parece até ter transcorrido, lá no alto, compondo seus adereços.

Maria é Virgem. Deve permanecer Virgem. Isso significa que Deus, princípio de toda fecundidade, mesmo a que as criaturas exercem em Seu nome, encarrega-se aqui de ser Ele próprio o princípio direto, único, dessa germinação.

A terra deve dar seu fruto, mas sendo esse fruto superior a sua força, ainda que necessário a sua salvação, Deus Se reserva a obra a ser feita, e fecunda por Seu poder o ventre de Maria.

E o que deve resultar desse encontro inaudito entre o Altíssimo e uma criatura? A formação de uma carne e de uma alma compondo uma natureza humana, e a subsistência dessa natureza humana numa pessoa divina.

Essa é, em suma, a história das origens de Jesus. Basta extrair as conclusões.

A carne de Cristo procede, como dissemos, de Deus e do homem: de Deus diretamente, do homem por Maria, virgem, filha de Davi, criatura especial, preparada por Deus para essa obra. O que se segue?

Na medida em que procede de Deus, a carne de Cristo deve representar perfeitamente a ideia da natureza humana imaginada pelo Criador. Quando Deus trabalha diretamente, sem o concurso das causas criadas (sempre mais ou menos deformadoras, porque submetidas ao acidente), Suas obras são perfeitas. Por que Ele buscaria a imperfeição? Ou como esta Lhe escaparia? Não Lhe convém deixar de Si outro traço além daquele capaz de glorificar Sua sabedoria e Seu poder.

Essa é uma das razões pelas quais os filósofos admitem que as almas humanas, diretamente oriundas de Deus, em paralelo com a ação geradora, mas acima dela, são todas iguais em sua origem. A alma de um homem genial e a do mais desprovido dos homens não têm em si mesmas, no momento de sua criação, pensam eles, nenhuma diferença. São almas humanas, eis tudo; sendo iguais em espécie, são iguais em valor e em recursos. O que fará diferença, posteriormente, é o organismo ao qual são associadas, este sim sujeito aos acidentes da geração e às influências hereditárias; é, depois, o livre uso que dela se faz, pois a alma se forma ou se deforma por seu próprio funcionamento. Tudo isso, porém, é o trabalho do homem; do lado de Deus, tudo é perfeito, sem defeito algum nem acidente.

Ora, é Deus quem trabalha aqui; não inteiramente sozinho, a bem dizer; mas quanto ao principal, e no que diz respeito exclusivamente a Ele, o fruto deve ser digno de tal paternidade.

Jesus procede em segundo lugar de Maria e, por Maria, de uma linhagem ancestral magnífica. E se é verdade que uma linhagem é como um ser único que nasce, se desenvolve, cresce e um dia alcança, num de seus membros posicionado em condições favoráveis, o apogeu proporcional às energias primitivas, o que Jesus não deverá ser em sua carne, mesmo por parte da colaboração de Maria!

A linhagem de Maria é a de Abraão, Isaac e Jacó, a de Davi: linhagem a um só tempo régia e agreste, que mergulha sua raiz no seio da mãe universal, a terra, onde todas as energias humanas têm sua fonte, e cresce de idade em idade sob as bênçãos do alto.

A própria Maria, como dissemos, é a criatura ideal. Era bela, toda a tradição o proclama. Todas as que a haviam prefigurado, na Bíblia, eram criaturas amáveis e fortes: Rebeca, Raquel, Judite, Ester. Ela mesma devia simbolizar todos esses encantos, todos os esplendores da virgindade: teria de haver razões muito poderosas para que a beleza de sua alma não fosse visível em seus traços e um organismo estiolado servisse de suporte para suas energias sobrenaturais.

E em que condições ela se encontrava, na hora do Verbo?

Vivia no Templo, no próprio centro da vida de seu povo: povo infeliz que, sob o golpe de calamidades seculares, esperava seu Messias. E todas as moças da Judeia aspiravam, com um ardor cujos traços a Escritura preservou, à maternidade prometida. Não será essa a razão pela qual a esterilidade representava tamanha desgraça para uma judia? Não será por isso, também, que a virgindade era tão pouco enaltecida? Parecia excluir a mulher voluntariamente de uma linhagem que talvez fosse a do Cristo!

Sem dúvida Maria tinha razões mais elevadas para permanecer virgem; mas nem por isso amava menos o seu povo; mais que qualquer outra, sofria-lhe as dores; mais que qualquer outra, esperava a *Salvação de Deus*. Ela o chamava com seus desejos, sacrificava-se para fazê-lo nascer. E não acreditamos que na hora divina, a hora do anúncio do mistério que se realizaria, quando um anjo vem dizer-lhe que ela conceberá *Aquele que há de vir*, não acreditamos que suas entranhas se comoveram? E que a alma do passado e a alma do futuro, a alma do povo judeu e a alma universal, as esperanças acumuladas e os desejos ardentes se puseram a palpitar no ventre da Virgem, e que isso foi uma preparação soberana para uma maternidade sublime?

Imaginamos, portanto, a carne de Cristo dotada de todas as energias e de todas as delicadezas. Natureza robusta e fina, sem nada daquele caráter efeminado que nossas imagens pias tanto apreciam. Quintessência ideal, tipo absoluto de todas as riquezas da espécie humana transfigurada pela aliança divina: é nisso realmente que nossa devoção ama crer; é isso o que a razão ousa afirmar, e quão feliz ela não fica de encontrar nas lembranças cristãs a confirmação de seus dizeres!

Essa é, de fato, a ideia tradicional, a respeito de Jesus.

Em certa época, alguns doutores – sem autoridade séria, aliás – chegaram a fazer ouvir uma nota dissonante; ousaram falar da *feiura* de Cristo, como se essas duas palavras não contrastassem entre si: feiura, Cristo? Apoiavam-se – frágil apoio! – nestas palavras da Bíblia: "Sou verme, não homem...", sem ver aí a alusão evidente aos rebaixamentos voluntários de Jesus e à sua Paixão.

Essas, porém, são divergências insignificantes, contra as quais a alma cristã sempre protestou, continuando a chamar a seu Cristo *o mais belo dos filhos dos homens*, o homem por excelência, *o Filho do Homem*, como ele dizia, e os doutores mais graves, os *Pais* da Igreja, não se recusaram a traçar-lhe pinturas que tentam ser completas – que têm a vantagem, em todo caso, de reunir num único quadro os traços esparsos das tradições primitivas.

Todo o mundo leu essas descrições. Atribuir-lhes uma importância muito grande seria temerário, evidentemente; mas elas mantêm sua probabilidade. Ora, em se tratando de Cristo, probabilidades valem muitas outras certezas. De bom grado nos detemos nessas pesquisas; de bom grado nos comprazemos na glorificação, mesmo corpórea, do divino Mestre.

Amamos imaginar seus traços nobres, sua estatura alta, seu andar desenvolto, seu gesto grave, sua fronte poderosa e calma, seu olhar em que a alma brota ou então mergulha em profundezas de mistério, sua boca de feitio delicado, porém firme, de uma sensibilidade sublime, mas isenta de qualquer pieguice, de qualquer frouxidão: todo o seu ser, em suma, digno de suas origens divinas e humanas, digno de seu papel entre nós, e capaz de dizer aos olhos, como sua palavra dizia à alma, sua inteligência soberana e seu poderoso amor.

Os teólogos se recusam a crer que ele tenha alguma vez sofrido nossas doenças, nossos mal-estares ou nossas fragilidades físicas. Tudo isso, pensam eles, contradiz sua dignidade, a perfeição de seu corpo e a sabedoria de sua conduta. Incapaz de negligência ou temeridade, em condições de resistir, por sua compleição tão perfeita, às influências que nosso meio exerce sobre nós e às quais não podemos nos expor sem imprudência, não se pode conceber, dizem eles, que tenha adoecido. Ele veio para sofrer; mas parece que um gênero de sofrimento mais nobre, mais claramente voluntário, foi-lhe mais apropriado.

Por fim, parece evidente que seus traços deveriam relembrar o tipo semita. Não havia razão para excluir uma aparência condizente com a ordem da natureza. Em Jesus, o homem universal não era o homem de carne; essa universalidade, aliás, não devia fazê-lo renegar sua pátria: ele sempre a amou com uma predileção especial. Devia então, ao que parece, trazer sua marca, e essa natureza do Oriente que imprime seu

Jesus

selo tão poderosamente em todas as coisas devia guardar a glória de fazer seu Filho divino à sua semelhança.

*

Entremos no santuário da alma de Jesus. Esse é um assunto muito grandioso e útil. Nós o conhecemos, mas nunca relembramos o suficiente o que faz a glória da humanidade e a salvação de cada um dos homens.

O que pertence legitimamente à alma de Jesus em razão de suas origens?

Essa alma é criada por Deus, diretamente, sem nenhum concurso da criatura. Isso, porém, não lhe é particular, em absoluto, pois é o caso de todas as almas.

De fato, essa é uma doutrina pouco conhecida, embora seja do mais elevado alcance filosófico: que a intervenção de Deus, Sua intervenção direta, é absolutamente indispensável à eclosão de cada alma humana. A geração do homem, sendo obra carnal, só pode redundar na carne; sendo a alma espírito, é preciso que um Deus esteja presente: Primeiro Espírito em que se acende o nosso,

Como a chama se acende ao toque de uma chama.

O que existe, então, na alma de Jesus que lhe seja próprio? Ela tem a mesma origem que a nossa; seria diferente em sua substância? Tampouco, talvez. Substancialmente, como acabamos de dizer, aos olhos de muitos filósofos, todas as almas têm valor igual; não há entre elas nenhuma *diferenciação*; nada pode distingui-las uma da outra, senão a matéria especial que elas animam, e visto que Jesus Cristo recebe de seu Pai uma alma humana, perfeita e verdadeiramente humana, ele seria nesse aspecto inteiramente semelhante a nós.

Isso, porém, não é tudo. A substância de algo é tão somente o fundo em que se inserem os desdobramentos de seu ser. É a tela em que Deus, a natureza e o homem trabalham. Que trabalho foi esse, em Jesus? O que foram sua inteligência, sua vontade? Deixamos de lado a imaginação, a memória sensível, os sentidos, todas essas coisas derivadas a um só tempo da alma e da carne, mas que valem exatamente o que o organismo vale e que, posteriormente, também seriam tão perfeitas, em Cristo, quanto comporta a espécie humana.

Sua inteligência, porém, o que é?

Somente Deus o sabe; quanto a nós, podemos apenas balbuciar; a Escritura e a teologia cristã fornecem indicações, mas o que dizem?

Dizem que deve haver, em Jesus Cristo, duas inteligências, visto que ele tem duas naturezas. Como Deus, tem a inteligência de Deus, o saber de Deus e, desta vez, eis-nos reduzidos ao silêncio!

O saber de Deus! Tentar descrevê-lo seria insensato. Tudo o que se pode dizer com alguma razão, sem que, de resto, isso explique coisa alguma, é que Deus *é*; que Ele é *por Si só*, de certo modo, pois tudo existe por Ele, n'Ele, pertencendo a Ele mais que a si; que, por conseguinte, Deus conhece todas as coisas porque Se conhece a Si mesmo, e do modo como Se conhece a Si mesmo; assim, Seu saber universal é apenas o olhar que Ele dirige eternamente a Si mesmo, como à fonte comum de todo ser e de toda atividade.

Que isso seja desnorteante, não se pode negar; mas que isso não possa deixar de ser, eis o que reconhecem, não diríamos os teólogos e os místicos, mas todos os filósofos que acreditam em Deus. E, precisamente, a frase mais profunda, talvez, jamais pronunciada sobre esse saber, não é a de um místico, nem mesmo a de um cristão, mas a de um homem que viveu quatro séculos antes de Jesus Cristo: Aristóteles. Frase de um pagão, por conseguinte, mas que, no entanto, fortifica o pensamento mais que todas as declarações abismadas dos místicos. Em Deus, ele diz, a substância, a inteligência, o ato da inteligência e o objeto da inteligência são uma única e mesma coisa.

Tentemos compreender, e teremos uma ideia do saber divino de Cristo.

Seu saber humano? Está infinitamente abaixo do saber divino; porém mais acima – ousamos dizê-lo – de nossas análises.

Jesus recebeu do céu, dizem os teólogos, tudo o que convém à sua perfeição pessoal e a seu papel.

Ele é o homem perfeito: terá, por consequência, todas as perfeições intelectuais reservadas ao homem, seja para o presente, seja para o futuro.

Em primeiro lugar, o saber propriamente humano, que se adquire lentamente, peça por peça, pela frequentação dos seres e pelo trabalho espontâneo do espírito: primeiro tesouro que bastaria para tornar Jesus muito superior aos gênios humanos, em razão da transcendência de seu espírito, mais bem-dotado, evidentemente, que qualquer outro.

Em segundo lugar: a *ciência infusa*, isto é, aquela que vem às almas desprendidas da matéria e aos puros espíritos, não proveniente de baixo, pela impressão dos sentidos (eles não têm sentidos ou deixaram de tê-los), mas do alto, da própria fonte de toda inteligência. Privar Jesus desse saber mais elevado que um dia será o nosso, que sempre foi o dos anjos, teria equivalido, dizem os doutores, a torná-lo inferior a seus súditos celestes, e isso não se poderia. Por esse saber, Jesus conhecia tudo o que aprouve a Deus dar a conhecer a Suas criaturas e muito mais, decerto, a fim de salvaguardar a supereminência de Seu Cristo.

Por fim, o saber que os teólogos denominam *ciência bem-aventurada*, porque é dela que procedem aqueles inebriamentos do espírito que nos são prometidos em recompensa, aquele saber que haure diretamente da visão de Deus por um ato inaudito que nos faz contemplar o Ser Infinito face a face e como que pelos Seus olhos: eis o coroamento do edifício intelectual do divino Mestre.

Contemplar em sua fonte tudo o que foi e tudo o que é, tudo o que será e tudo o que poderia ser; mergulhar com o olhar, sempre mais adiante, nas potências de Deus e aí descobrir todas as riquezas do ser, todas as formas do verdadeiro, todos os matizes do belo, todos os graus da harmonia, da vida, da existência em todas as suas formas, numa embriaguez de espírito sempre crescente à medida que ele penetrava mais e mais tal infinito: esse foi seu destino. À semelhança de uma nuvem que o sol penetra com seus raios e torna toda resplandecente, diz Bossuet, assim acontece com a alma exposta a Deus. À medida que se infunde n'Ele é também infundida por Ele, e torna-se Deus ao olhar a divindade.

É isso, nas palavras dos teólogos católicos, o que a perfeição humana de Cristo requer.

E mesmo que ele não tivesse direito a esse título, ainda assim encontraríamos razão para isso, dizem eles, nas exigências de seu papel.

Jesus Cristo não é somente homem perfeito: é homem universal. É o detentor da obra da salvação do mundo: é preciso que seu saber lhe dê competência e poder sobre todos os âmbitos em que sua ação se exerce e sobre todos os detalhes que ele deve reger.

E ainda que nosso mundo – pequeno, de fato – fosse apenas um "canto escondido da natureza", como diz Pascal; ainda que os astros que giram à nossa volta fossem povoados ao infinito, o que eles contêm não poderia ser estranho a Cristo; a glória que Cristo extrai de sua união pessoal com a divindade é necessariamente tão universal quanto o próprio Deus, e é absolutamente impossível que seu saber não se estenda ao *Todo*, seja ele qual for, ao todo no tempo e ao todo no espaço, e que, estendendo-se ao conjunto, não penetre também até o último detalhe, assim como o saber do Governador dos mundos se estende ao menor fio de cabelo de nossas cabeças e ao número de passarinhos em cima dos tetos.

E aqui não podemos evitar um pensamento que desponta irresistivelmente, diante dessa Onisciência; e quão consolador, esse pensamento! Provoca, porém, um espanto que beira o estupor: como Jesus Cristo, sabendo tudo! – tudo o que somos, tudo o que pesamos em miséria e em mal; todo o peso desta terra, em que ele veio pousar seus pés divinos! –, como Jesus Cristo pôde realizar até o fim o que veio fazer?

Quantos abismos não há nesse pensamento!

Ah! Aqueles que dizem: "Cristo é um homem maravilhoso, um homem ideal; mas é apenas um homem"... Podemos compreendê-los! Eles nos dirão: ele tentou elevar a humanidade porque se enganou a seu respeito. Acreditou nela, esperou erguê-la de suas abjeções; mas morreu na labuta, e morreu desiludido... Isso é claro: claro como a blasfêmia! Mas o que pensar dos que dizem: ele sabia tudo! Tudo! Viu tudo, no futuro! Todos os mistérios do mal; todos os subterrâneos tenebrosos das almas; todas as profusões da iniquidade dos séculos; todos os produtos dessa oficina de pecados que é o mundo: ele viu isso! Viu o sol de seu Pai celeste iluminar os crimes da humanidade, carregando, à noite, sua colheita de trevas, recolhendo, de manhã, a herança impura das noites. Ele viu isso, e não recuou de horror diante de sua tarefa! Viu o que é um cristão que o serve e o que é um bandido que o ultraja, e essa afronta e essa honra não lhe repulsaram as entranhas! Ele nos viu a todos... E disse: *Que a paz seja convosco!* Qualquer um que contemple esse mistério ficará abalado e só se refará desse abalo para experimentar, deliciosamente, aquela misericórdia imensa, aquela loucura de perdão, aquela piedade, vasta e serena como os espaços, aquela bondade capaz de aliar, em relação à humanidade, estas duas coisas: a suprema lucidez e o supremo amor.

*

Resta-nos analisar a vontade de Cristo. É ocioso insistir nisso longamente, depois do que dissemos: pois a vontade segue a inteligência.

A vontade é tão somente o peso do ser impelido para o objeto que a inteligência considera desejável, e ela emprega seus recursos para conquistá-lo.

Jesus, portanto, sendo dotado de uma inteligência divina, deve ter uma vontade divina, isto é, o amor infinito do bem e, a serviço desse amor, a onipotência.

Tendo além disso uma inteligência humana com todas as suas perfeições, deve ter uma vontade humana com todos os seus recursos: autodomínio na verdade; orientação de si e de todos os seus bens para o bem supremo, que é Deus; impecabilidade absoluta em sua vida, infinitude em seu mérito, eficácia garantida em sua oração, certeza de sucesso em todas as suas obras, que ele só empreende em conformidade com o poder do alto e como instrumento de Sua força. Não insistamos: tudo isso é compreensível por si só.

Por fim, assim como já reconhecemos, a serviço da inteligência de Cristo, as faculdades secundárias admiráveis, tais como a imaginação, a memória sensível, os sentidos, devemos reconhecer, acima de sua vontade e a serviço dela, aquelas energias temíveis, em nós, mas necessárias, a que chamamos *paixões*.

E que essa palavra, paixão, não assuste. Se a miséria humana não raro a condena a emitir um som de fraqueza, nem por isso ela deixa de ter, em si mesma, um sentido muito nobre: designa simplesmente a reação sensível que um objeto contrário ou amigo suscita em nós.

Houve, portanto, paixões em Cristo. O amor, o ódio, o desejo, a tristeza, a esperança, o temor, a raiva encontraram lugar em seu coração humano. No entanto, aquilo que em nós costuma ser uma força cega ou inimiga que nos crava no solo e suprime as energias sobrenaturais, em Jesus era uma alavanca da alma a serviço do bem. E são tais paixões, em suma, que ao mesmo tempo fornecem matéria para o mérito e fazem de sua vida o drama divino, capaz de arrebatar a inteligência e o coração, mesmo de seus inimigos, após o julgamento de vinte séculos.

*

Uma última observação se impõe a nós.

Essa é a análise, dirão alguns; mas e a síntese? Como tudo isso pode se suster em coesão? Como o ser divino é compatível com natureza e faculdades humanas? Como o saber infinito pode estar sujeito, no mesmo ser, à vizinhança de um saber inferior, e mais ainda em se tratando de três: ciência *infusa*, ciência dos *bem-aventurados*, ciência *humana*? E ainda que considerássemos apenas a inteligência humana de Cristo, como, nessa inteligência, a ciência *infusa*, completa desde o início, pois vem do alto, e a ciência *bem-aventurada*, igualmente completa e infinitamente mais alta, pois Deus é seu objeto imediato –, como tudo isso pode conviver com um saber progressivo, de formação lenta, que tem de esperar que o trabalho dos sentidos – e, por conseguinte, a circunstância e a idade – lhe forneça a matéria do progresso? E se formularmos as mesmas perguntas a respeito da faculdade voluntária e de todas as outras, e se formos instados a esclarecer aqueles castelos da alma em que nossa inteligência se perde, teremos apenas uma coisa a responder: mistério! Essa é sempre a última palavra.

Oh! Seria possível dissertar quanto a isso, e dissertamos. Descartamos sem grande dificuldade a contradição, que tenta bloquear o caminho do dogma; mas não descartamos o mistério: então por que nos demorarmos?

Deus é Deus, e nós nada somos. Deus tudo sabe, e nós somos ignorantes e cegos. Deus tudo pode, mesmo aquilo que é ignorado por nossa ciência infantil. E não seria então condizente com a ordem que Cristo, representante para nós do mais alto grau na escala dos seres, apresente-nos também os mais altos mistérios?

O ser inferior, o mineral, é um mistério. E nesse primeiro mistério da matéria bruta se insere o mistério ainda maior da vida, tal como o encontramos na planta. E o animal aí acrescenta o mistério da sensação. E o homem acrescenta ainda o mistério do pensamento: mistério sobre mistério, mesmo naquela ordem puramente humana. Por fim, em Cristo é o mistério do infinito que vem consumar e coroar todos os outros: por que seria de surpreender que ele nos desnorteie infinitamente e que só possamos dizer: Ó Deus, Vós sabeis tudo e Vós podeis tudo!

*

Paremos por aqui este curto estudo. Sua única pretensão é expor aos olhos do leitor uma vez mais o que é preciso saber sobre Jesus Cristo antes de observá-lo em ação.

O cristão, todavia, ama lembrar-se de que, embora a riqueza divina de Jesus Cristo permaneça inacessível para nós, somos convidados a participar de todos os seus tesouros de humanidade, alma e corpo. No entanto, foi desde este mundo que Jesus possuiu as mais preciosas de suas glórias; quanto a nós, é noutro lugar que devemos compartilhar delas.

A glória do corpo, a glória da alma, a eterna juventude, os deslumbramentos infinitos, a paz inefável e a posse serena de bens imensos, e a saciedade do ser inteiro, em inebriamentos de poder e êxtases de amor: esse é nosso quinhão, é nossa esperança.

A condição é que nossa vida seja conforme à de Cristo tanto quanto a fraqueza humana o comporta.

Se ele veio às regiões deste mundo, foi para abrir e mostrar o caminho.

II. O berço de Jesus

e todos os aspectos da vida de Jesus, o mais encantador, o mais íntimo, o mais suave, de acordo com a avaliação dos povos cristãos, é o evocado, com todo um cortejo de lembranças, por aquele nome mágico: *Belém*.

A vida inteira do Senhor parece, assim, estar contida em algumas palavras. Depois de Belém haverá Nazaré, o Lago[1], Jerusalém. E Nazaré significa mistério; o Lago significa trabalho; Jerusalém significa combate, e tudo isso em conjunto é a vida, o dia, com sua atividade e seus ardores. Belém é a manhã. É o frescor das auroras; é o primeiro sorriso do céu; é o sopro puro e leve que estabelece a alma numa espécie de azul-celeste, preenche-a com desconhecidas fragrâncias, como as que se

---

1 Em francês, *le Lac* (o Lago): referência ao Mar da Galileia que, do ponto de vista geográfico, é de fato um lago. Em português, o Mar da Galileia é igualmente denominado Mar de Tiberíades e Lago de Genesaré. (N. T.)

exalam em nossos sonhos quando imaginamos o paraíso jubiloso onde passeava o primeiro homem.

Belém! Há um ar de festa nesse nome. Ele desperta uma profusão de sons longínquos, como cantos angélicos e farfalhar de asas. Assim que nosso coração o pronuncia, a imaginação logo o associa com todas as badaladas de Natal, todas as impressões alegres da infância. Ao mesmo tempo, a razão aí descobre profundos ensinamentos.

*

Deus havia encontrado, portanto, a hora propícia para realizar as esperanças de Seu povo. Não olhara para os grandes, os potentados, os chefes religiosos ou políticos; escolhera, num vilarejo pobre, uma pobre criança chamada *Miriam*, Maria.

Era semelhante a uma das que ainda se veem no caminho da fonte em Nazaré, de andar composto, trajada com a roupa tradicional que já caracterizava as mulheres no tempo de Isaías: túnica com listras multicoloridas em que predomina o azul, véu branco, cinto enrolado de tecido maleável, segurando com um dos braços seu jarro cheio e, com o outro, ajeitando o véu: eis o que Ele escolheu.

E a essa criança que beirava os quinze anos, enquanto ela orava em sua morada obscura, sob a rocha, Ele enviara uma embaixada.

Era um daqueles seres cuja natureza superior não impede de confraternizar com a pequena raça humana, pela glória do Pai comum.

E o anjo havia exposto sua solicitação. E uma vez dado o consentimento, o mistério se havia cumprido. O céu se inclinou e encheu a terra de esperança ao infundir um ventre de mistério e um coração de amor.

Ora, alguns meses depois, veio o édito de Tibério. Um recenseamento se realizava em todo o país, era preciso partir. José, o esposo cândido, pertencia à família de Davi; Belém, cidade de Davi, era, por conseguinte, sua cidade; lá, então, ele devia comparecer para o cadastramento.

A hora caía mal: o termo da gestação de Maria se aproximava. Mas o orgulho dos imperadores não costuma levar em conta os tormentos que inflige: Maria e José então se puseram a caminho.

Eram quatro ou cinco dias de marcha. Provavelmente, partiram equipados como um daqueles grupos que vemos a cada passo nas estradas da Palestina: a Virgem num jumento; a seu lado, José com um cajado e, no ombro, com seu manto, algumas provisões de viagem.

O caminho a tomar era o que eles percorriam três vezes por ano por ocasião das festas: a planície de Esdrelon, Nablus e Jerusalém.

A cada noite se fazia pouso nos caravançarais, sempre abertos aos viajantes na entrada das cidades e dos vilarejos. Era um costume secular: animais e pessoas ali pernoitavam e, na manhã seguinte, tendo apenas Deus a quem agradecer, punham-se novamente em marcha.

Não raro os peregrinos, que povoavam essa estrada na época das festas, cantavam os salmos em honra àquela Sião à qual se dirigiam. Talvez Maria e José tivessem a alma demasiado plena para imitá-los; no entanto, embora seus lábios estivessem silenciosos, o *Magnificat* cantava neles, com todas as vozes da felicidade e do amor.

Chegaram a Jerusalém, contornaram suas muralhas do lado ocidental, perto da cidadela, atravessaram a planície e as colinas que ouviriam, algum tempo depois, os gritos de dor de Raquel, e em duas horas alcançaram a cidadezinha de Davi.

Teremos de descrever essa região de onde Belém, em meio às montanhas desnudas, surge nas rochas como um buquê verdejante.

A dois passos de Jerusalém, a cidade pálida, sitiada a leste pelo deserto, que o Cedron e a pavorosa Geena marcam com grandes cicatrizes, Belém se ergue, encantadora, nessas duas colinas.

Seu anfiteatro coroa uma concavidade do vale que é uma verdadeira cornucópia. Por isso, ela foi outrora chamada *Efrata*, a fecunda. A habilidade de seus habitantes a tinha cultivado prolificamente por largas faixas estabelecidas em terraços circulares, como degraus, de figueiras e vinhas trepadeiras, que até hoje fazem seus belos desenhos na terra branca.

Belém era o local de residência amado por Salomão. Ele ali criara jardins que se estendiam ao pé da cidade, no pequeno Vale de *Artas*. Acima, perto da estrada de Hebron, construíra imensos tanques, que ainda existem. Eram preenchidos com as águas de uma encantadora nascente escondida no fundo de uma gruta subterrânea, chamada *Fonte Selada*, assim como o próprio vale é denominado *Jardim Fechado*, por alusão aos apelidos poéticos atribuídos por Salomão a sua esposa, nos Cânticos.

Eram esses tanques a que acabamos de nos referir que alimentavam, por meio de dutos rentes ao solo, os edifícios do Templo e a cidade santa, portanto, a vida de Jerusalém partia de lá, assim como, de Belém, a vida do mundo.

E ainda hoje Belém é encantadora.

Quando subimos a pequena colina e, ao desembocar na praça situada no centro da vida belemita, pitoresca à moda oriental, temos diante de nós a gruta sagrada, coberta com a mais antiga basílica do mundo; quando o olhar, por cima das estelas brancas de um cemitério que bordeja o cimo das colinas, estende-se, embaixo, sobre os jardins verdejantes em degraus, sobre o Vale das Alfarrobeiras em que estes mergulham, sobre o montículo que sustém, um pouco adiante, o vilarejo de *Beit-Sahour*, de onde vieram os pastorinhos, a área de *Booz* e o campo onde Rute, a moabita, respigava; e, no horizonte, à direita, sobre o Mar Morto, e à esquerda, sobre Jerusalém, a cidade de sangue; quando, por fim, lado a lado com essas lembranças, alternadamente graciosas e sinistras, vemos circular na praça entre as fileiras de camelos agachados sob seus fardos as jovens de longo véu branco, irmãs da Virgem, e as crianças de roupa listrada, como os filhos de Jacó, e que já são graciosas, mas às quais atribuímos ainda mais graça, com um matiz de ternura, pensando em seus irmãos, os Inocentes, e em seu outro irmão, Jesus: de tudo isso se faz na alma uma mescla indefinível. Um estranho trabalho se realiza em nós: é um vaivém de pensamentos a um só tempo melancólico e muito enternecedor, em cujo centro está esse berço, pressagiado por coisas lúgubres e do qual, mais tarde, se fez uma cruz.

No entanto, se ali nos demoramos até o cair da tarde, preparamo-nos para impressões ainda mais intensas. Isso porque, para nós, Belém é a noite; é a meia-noite; é o silêncio dos horizontes; é a natureza apaziguada e tranquila; é a bela colina que se ergue, sob a delicada vibração das estrelas, para ir ao céu buscar seu Bem-Amado. E quando, diante da realidade que amamos conformar ao sonho, acolhemos o entardecer sentados numa daquelas tumbas – tão brancas que lembram as fraldas de Jesus e transformam em charme sua tristeza – e, após a sinfonia delirante dos poentes, suave e inebriante como a glória celeste, vemos a sombra surgir, elevar-se pouco a pouco, pairar sobre nossas cabeças, acender sem ruído suas constelações, enquanto de baixo sobem em mornas baforadas os rumores dos rebanhos esparsos e distantes, que parecem um vagido da planície ou um vago suspiro da noite: todo esse conjunto arrebata o coração, num tormento delicioso e, nesse momento, virando simplesmente a cabeça, você se diz: "É ali!"... Pensem no quanto a imaginação se exalta e inebria. O presente, então, já não existe, e acreditamos ouvir, numa lonjura de sonho, aquelas vozes confusas do passado que, sem nada articular de preciso, nos dizem tantas coisas. E ficamos na expectativa de ver chegar a esta praça, cansado da longa jornada, mas tranquilo e com alegria na alma, o grupo sagrado.

*

Deve ter sido por volta do entardecer que Maria e José chegaram ao termo de sua viagem. Haviam sido precedidos por alguns de seus compatriotas, viajantes como eles, vindos de diversos pontos da Judeia e, por uma consequência natural num pequeno vilarejo como Belém, já não havia lugar para eles no caravançarai.

Conhecemos as belas aplicações morais que esse fato inspira nos Pais da Igreja. A seus olhos, esse caravançarai abarrotado é a alma humana.

Há lugar para muitas coisas em nossa vida. Assim como esses abrigos abertos a todos que as cidades orientais oferecem, ficamos escancarados para tudo o que oferece uma aparência de atração ou prazer. E a multidão entra; invade-nos, absorve-nos. Multidão dos pensamentos, multidão dos desejos, multidão das preocupações terrenas, multidão dos negócios, multidão das paixões; tudo isso ocupa espaço. E quando Jesus Cristo se apresenta, chega tarde demais.

Além disso, temos medo, por vezes, de um hóspede assim! Ele é incômodo, Jesus Cristo! Quando entra em algum lugar, quer amplitude de espaço, e espaço não disputado, e honrado. Como hospedá-lo ao lado de certos hóspedes que admitimos! Então dizemos: Vá embora! Oh! Não dizemos isso da boca para fora; o coração, mais que os lábios, é eloquente, e nosso coração lhe diz: Vá embora! O lugar está ocupado! Deixe-me em paz! Vá embora!

E ele se vai.

E nós ficamos com nossa miséria, como aquele caravançarai de Belém, que poderia ter recebido o infinito sob suas arcadas, mas não o quis.

Ei-los então, sem abrigo, errantes nas ruas de Belém, sob a pressão do anoitecer e da hora... que se aproxima.

Podemos imaginar a ansiedade de José, e sua pressa, e sua preocupação, quem sabe? É tão inesperado, esse acolhimento! E tão duro!

Quanto a Maria, os preparativos que as mães fazem para o nascimento dos filhos devem dar o que pensar sobre suas dificuldades. No entanto, nem mesmo a sombra de uma inquietação podia roçar nela. Ela carregava o Organizador, Aquele que sabe, Aquele que pode! Preocupar-se por ele teria sido pueril. Quanto a ela, que importância isso tinha? Afinal, não possuía tudo, com esse tesouro? Quando pensava no quinhão que lhe fora reservado, poderia invejar as mães opulentas e tranquilas? Sofrer, com Jesus Cristo em seu seio, era para ela uma dupla alegria: era entrar no papel do Salvador, antes que ele próprio o fizesse; era carregar a cruz, ao carregar Aquele que nela se estenderia.

A redentora da humanidade, em segundo lugar, começava assim sua pesada tarefa, e com que imensidão de ternura, como todo coração cristão o compreenderá, contanto que saiba a que ponto Maria estava associada a essa grande obra, e quanto, por conseguinte, devia desfrutar da alegria universal que ela proporcionava.

Ela andava, portanto, pelas ruas tortuosas de Belém, sem temor, sem perturbação. Aguardava a vontade de Deus. E esse Deus vertia em sua alma, gota a gota, Sua serenidade, maior que a da noite que naquele momento se erguia da planície e envolvia lentamente a bela colina.

E as trocas inefáveis prosseguiam, Maria dando a Jesus seu sangue, sua vida, os batimentos de seu coração; Jesus dando a Maria luz, força, amor, paciência e aquela paz de quem quer que possua Deus.

Assim conduzida por seu esposo, e mais ainda pela Providência, em sua pobre montaria cujo passo soava, nos limiares das portas, como um chamado sempre desprezado, ela ia, silenciosa, escondendo o céu sob suas pálpebras abaixadas, abrigando com seu véu aquele coração que continha Deus.

E José, ansioso, continuava a procurar. E não encontrava.

Por fim, já não tendo esperança do lado dos homens, eles pensaram nos abrigos que, por sua vez, não se fecham diante do pobre.

Havia na colina, nas cercanias da Torre de Davi, algumas grutas como muitas que se veem na Palestina, particularmente na Judeia. Ali eram deixados os animais; no entanto, nessa época do ano os rebanhos estavam nos pastos, e elas estavam vazias. Foi para esse lado que eles se dirigiram.

A Providência conduziu seus passos. Não quer para seu Filho outro abrigo além daquele que ela mesma prepara para seus hóspedes. Maternal e ativa, a Providência tem refúgio para tudo que vive; escava antros no fundo das florestas; não esqueceu os filhos da leoa, diz o Livro Santo. Quando outrora ela presidia às evoluções grandiosas da matéria, e o fogo, seu obreiro, modelava o globo amolecido, ela reservava essa rocha, como previsão para a hora divina.

Não convinha que o Imenso se encerrasse em morada humana; que ele, o rico soberano, que encomenda ao sol suas exibições de auroras, faz cintilar com joias a fronte noturna e lança, sorridente, sobre os ombros de um muro que desaba, um manto mais rico que o dos reis: não convinha que ele nascesse em meio a nossas riquezas vãs. Ele as domina desprezando-as. Mostra-se grande pela escolha daquilo a que chamamos miséria. Não quer outro luxo além do que convém ao restaurador e ao fundador da terra. Flor do mundo, não flor de estufa; ele quer se desenvolver em plena criação, sem outro arquiteto ou decorador para seu lugar de nascimento além de Deus, do qual é o filho e o igual.

Além disso, não será preciso que aquele que é o homem de todos seja desde sua primeira hora acessível a todos, e antes de tudo àqueles que mais se parecem com ele: os humildes, os pequenos, os que são desprezados, e que ele ama?

Vejam aqueles pastores que passam, à beira do deserto de Judá, com o véu negro cobrindo-lhes a cabeça, a pele de carneiro jogada nos ombros, a túnica miserável apertada na cintura, a pequena clava de sicômoro na mão, para ser lançada às ovelhas que se desgarram: eis os homens aos quais Jesus se deve. Não são nada. São menos que nada. São, sobretudo no Oriente, os servidores dos servidores, e não têm outro abrigo, como ele, além dos rochedos proeminentes: é a esses, em primeiro lugar, que ele quer oferecer-se.

Estão lá embaixo, guardando os rebanhos na planície. Dormitam ou conversam entre si, em volta do fogo que, mal sabem eles, são fogueiras festivas: Jesus, silenciosamente, os convida. E dali a pouco eles virão, sem apresentação e sem medo, pastores e magos tendo os mesmos direitos: poderão olhar, amar, adorar e, se ousarem, segurar em seus braços esse Filho de Deus, na simplicidade e na paz do coração.

Será por isso que o céu impele os viajantes para a gruta?

Não existe templo, ainda, para a presença real; mas a natureza é o grande templo, e abre-se a Deus. Eis o domo: essa rocha. Eis a manjedoura por altar.

Eles entraram.

Aproxima-se a hora esperada pelo céu.

Maria estremece de esperança próxima.

O alojamento obscuro, cuidadosamente arrumado por José, oferece seus humildes recursos ao Deus escondido.

E o santo esposo se retira.

Confidente dos mistérios, entra em seu vazio diante do Infinito que vem.

Ei-lo a repousar numa dobra da rocha.

Sob seus véus de sombra, Belém, por sua vez, também está adormecida. A natureza dormita. As estrelas olham e palpitam suavemente. Os anjos, atentos, com o hino de glória na ponta dos lábios, espreitam o sinal nos olhos de seu senhor.

Tudo, portanto, está pronto.

O mistério pode realizar-se.

III. A vida solitária de Jesus

ualquer um que tenha penetrado a alma de Jesus Cristo terá descoberto nele, mesmo em meio às agitações de sua vida ativa, retiros plenos de silêncio em que sua vida interior se desenvolvia numa camada profunda, da qual a outra era apenas o leve véu.

No entanto, o que caracteriza seu início – trinta anos de existência obscura e, aparentemente, inútil – é que apenas isso pode aparecer aí.

Sobre Nazaré, o Evangelho silencia; em Nazaré, tudo é mistério e silêncio. Como Moisés em sua nuvem, conversando somente com Deus, assim é com Jesus. E talvez seja uma audácia querer afastar a nuvem!

*

No tempo de Jesus, Nazaré era um pequeno burgo perdido nas montanhas daquela Galileia que os doutores e pontífices desprezavam.

"Algo de bom pode vir da Galileia?", diziam eles.

De fato, era um lugar sem importância. Três ou quatro mil almas, uma sinagoga, talvez uma pequena escola anexa, eis tudo.

Nenhum comércio; nenhuma guarnição romana; nenhuma daquelas mansões que enchiam de barulho e, cumpre dizê-lo, também de corrupção cidades como Tiberíades ou Magdala. E Nazaré podia aspirar menos ainda a possuir uma daquelas famosas escolas – como as abrigadas pelo pátio do Templo – que faziam a glória de uma cidade judaica.

Situada a 25 léguas[1] de Jerusalém, a nove horas de caminhada de Cafarnaum, longe das estradas frequentadas, Nazaré não contava. Esperava. Era a rosa a que São Jerônimo se refere, que abre seu cálice apenas para o céu.

Atualmente, o peregrino que retorna de Jerusalém descobre a branca cidadezinha protegida como uma ninhada de pombas entre os topos de colinas que dominam a Planície de Jezrael. Quando, ao contrário, a abordagem se faz pelo norte, em proveniência da Alta Galileia, ela parece situada numa concavidade: é que se esconde num daqueles pequenos vales altos que, aos milhares, os cimos ondulados da Palestina deixam entre si.

Quando chegamos lá, com o espírito infundido pela grande lembrança, a alma toda plena da pessoa do Salvador e de sua juventude insondável a que o Evangelho apenas alude com palavras vagas; quando pensamos no que ele era, no que ele é, nos mistérios de assombro contidos em sua alma, nas eternidades em que se desenrola sua vida,

---

[1] A extensão da légua variava de dois a sete quilômetros de acordo com a região ou o país em que a medida era usada. (N. T.)

nas imensidões em que ressoa seu nome e se desenvolvem suas obras: ficamos espantados!

Vejam esse vilarejo, essas casas de teto plano, como blocos esparsos na paisagem verdejante; essa rua que sobe, escavada no barranco, provavelmente mais antiga que toda a região, para a qual aflui e na qual se organiza, à direita e à esquerda, toda a vida da pequena cidade: aí está! É Nazaré! É a Vida oculta: trinta anos daquela vida da qual cada minuto salva o mundo! Ó, Deus! Como são pequeninas essas imensidões!

E o espírito, desconcertado por um segundo, de súbito se sente deliciosamente abalado pelo choque, em seu interior, dessas lembranças imensas e dessas imagens familiares.

Ora, pois! Foi aqui que Jesus viveu? Foi aqui que se depositou o tesouro do mundo? E onde ele passou trinta anos escondido dos homens – como esta pequena cidade entre suas montanhas –, humilde entre os humildes, exposto às grosserias, às relações prosaicas, e ganhando a vida com seu trabalho? Pois é! Meu Deus!

Jesus Cristo não veio a este mundo para si mesmo, veio por nós. Veio sofrer e humilhar-se por nós; humilhar-se e morrer por nós, foi esse o seu papel, e Nazaré é apenas uma etapa do Calvário; é também um estímulo maravilhoso para os que, neste mundo, têm seu Calvário.

Os humildes, os pequenos, os que só encontram neste mundo um quinhão de miséria e obscuridade, esses podem se dizer: ele foi pobre; ele foi humilde como eu e para mim. E essa humildade a dois se torna mais suave, e a caminhada adiante, mais leve, quando se pode apoiar nos ombros divinos a ponta da própria cruz.

Consideremos também: aquilo que representava humildade para Jesus homem, não seria um orgulho superior para Jesus Deus?

Nossas condições humanas poderiam afetar Deus em quê? Nossas grandezas, nossas posições, nossas belas vantagens, que Lhe importam? Pobres mosquitinhos que se pavoneiam e desprezam outras moscas, porque suas asas são um pouco menos lisas e suas patas, um pouco menos grossas: o que isso Lhe causa? Grandes ou pequenas, nossas posições para Ele se equivalem, e como nenhuma delas corresponde à Sua natureza, Sua honra não requeria que Ele escolhesse precisamente a menos elevada? Só assim Ele poderia demonstrar Sua indiferença. Ao se aproximar do vazio de nossas glórias, Ele mostrará que se basta.

Seria difícil acreditar em que grande medida, diante de Nazaré, esses pensamentos se impõem. A condição humana do Salvador aí aparece de tal modo que a escolha divina resplandece. E essa pobreza livremente escolhida arrasta atrás de si, no pensamento, a eterna riqueza. Esse nada é o melhor pedestal do sonho para se lançar ao infinito.

Nela entramos, nessa Nazaré; percorremos as ruas estreitas, até aquela casa – será uma casa? – onde vivia, no silêncio, a criança Deus. É uma reentrância sob a rocha, talvez dotada, em outros tempos, de uma parte saliente de alvenaria. Atualmente é uma capela e ali se vai orar, sob a abóbada obscura. E todo padre pode ali chamar a Deus, renovando, com dois mil anos de distância, a presença real. E que torrente de pensamentos, então, nos assalta! Como o passado sobe do chão, jorra das paredes, enquanto o céu parece inclinar-se, para acariciar com os olhos, com amor, esse canto misterioso do mundo!

Eles moraram aqui! Amaram tua sombra, ó rocha! Aqui levavam, pacatamente, a vida daquelas pessoas pobres que vimos tantas vezes nos vilarejos do Oriente, no fundo de suas moradas miseráveis, bem longe de nossa civilização, das complicações do nosso bem-estar, mas perto da natureza e perto de Deus.

Maria estava lá. Duas vezes por dia, dirigia-se àquela fonte – a mesma –, da qual só se pode haurir pisando na água. Descalça, modestamente, ela avançava na fila com suas companheiras; depositava seu jarro, esperava sua vez, não raro demorada, no congestionamento daquela única fonte, depois voltava, levando sua carga. Arrumava a casa com o infinito em seu coração. Acendia o fogo numa das escavações preparadas no chão, como todas as chaminés orientais, e preparava os alimentos... para o Soberano Senhor! Cozia o pão que eles haviam ganhado, José e Jesus!

E os anjos admiravam, lá do alto, a pura criatura.

E pensamos com merecida piedade nos que se escandalizam com essa humildade toda, e vão embora dizendo: É só isso.

Pois é! É só isso; mas e vocês, o que são? Será que suas belas roupas, suas joias, seu luxo, sua civilização, sua ciência ignorante e orgulhosa: vocês acham mesmo que isso impressiona Deus? E seus sonhos de grandeza, o que são aos olhos de Quem fez essas coisas?

Ah! Gostariam de ter, como mãe de Deus, uma pessoa distinta, não os pés descalços da Virgem? Um palácio, no lugar da gruta na rocha? O Criador dos céus não tem tais pudores! E tudo é grande aos olhos Daquele diante de Quem tudo é pequeno, e visto que Seu coração quer que ele se abaixe, para ele é uma alegria e um orgulho sublime abaixar-se ainda mais.

*

Como devemos conceber esses trinta anos passados na obscuridade de Nazaré?

São uma preparação.

Jesus Cristo não precisa de preparação para si mesmo; o problema da vocação, tão difícil para os outros e mais ou menos tardiamente apresentado, antecipou-se para ele: desde o primeiro minuto, consciente de si mesmo, ele sabe o que quer, e pode realizá-lo, se isso lhe apraz; mas isso não lhe convém. É preciso que ele espere a hora dos homens. Sua autoridade divina deve ter como suporte visível sua autoridade humana. Ele aguarda a hora humana, pacientemente deixando formar-se nele o ser de carne.

Será isso dizer que esses trinta anos sejam vazios de resultados, aos olhos da obra divina? Seria preciso ignorar imensamente o que ele é para acreditar nisso.

Jesus Cristo veio ao mundo para se doar, dizer uma palavra, dar um exemplo e morrer. A morte virá; mas a hora da palavra ainda não chegou; resta o exemplo e o dom de si: o exemplo de humildade, paciência, submissão a Deus e aos que o representam na terra; o dom de si a quem? Primeiramente, a seu Pai. E que se observe bem: é esse ato, no fundo, que é o verdadeiro papel de Cristo. Não é ele o resgate? Não é ele o preço dos culpados e o intermediário dos justos? E aquela voz que clama: "Eis que venho, ó Deus, para fazer a vossa vontade" não é toda a Redenção e todo o sacerdócio de Cristo e, por conseguinte, toda a sua obra?

O resto é um acréscimo, acréscimo maravilhoso de amor, benevolência, justiça; mas o fundo está nisso. Nesse simples brado – "Eis-me aqui!" –, a Redenção inteira se condensa. Ora, esse brado é Jesus Cristo por inteiro e em todas as horas, tanto em Nazaré como na cruz.

João Batista dizia aos enviados de Jerusalém: "Sou a voz que clama no deserto". Jesus Cristo é a Voz que clama a Deus. E tudo o que ele é e tudo o que ele pode fazer, todos os seus pensamentos, todos os seus sentimentos, todas as suas aspirações, todas as suas alegrias, todos os seus pesares, todos os suspiros de seus lábios e todos os batimentos de seu coração, tudo isso brada a Deus; tudo isso suplica, chama, intercede, restaura; tudo isso, saindo de uma pessoa divina, possui um valor divino, e o mundo se salva, vendo viver seu Salvador.

E dessa maneira, ao entregar-se a Deus, Jesus Cristo se entregava aos homens. Naquele templo encantador e grave que era a Galileia, naquela morada plena de silêncio, cuja atmosfera era o silêncio, onde provavelmente só se falava para o louvor e o serviço de Deus, ele oferecia ao mundo a presença real.

Como aqueles sóis de inverno, radiosos com tranquilidade, que se levantam sobre a terra adormecida e branca, e que, sem aquecer, sem fecundar, aparentemente, parecem vir apenas para brilhar e regozijar o coração: assim é Jesus.

Por isso, quando percorremos esses lugares, eles nos aparecem como um santuário. As colinas são altares; as árvores, as flores, as rochas, as nuvens leves, um cenário sublime para esse repositório onde o céu se inclinou.

Há entre esses objetos e outros objetos, meramente profanos, toda a diferença que nossa imaginação insere entre os arbustos que decoram um tabernáculo e esses mesmos arbustos à beira das estradas.

Sim, decerto, Nazaré é um templo. É a arca santa que trouxe a lei viva do Altíssimo; é o candelabro de ouro que espargiu a luz sobre o mundo; é a rocha de onde correu a água viva para inundar a terra e purificá-la.

*

O que Jesus fazia em Nazaré?

O Evangelho responde: "E Jesus crescia em sabedoria, em estatura e em graça, diante de Deus e diante dos homens". E acrescenta estas palavras, já citadas: "era-lhes submisso".

Não se poderia dizer com simplicidade mais profunda que Jesus, em Nazaré, em nada se distinguia de seu entorno. Ele queria que suas obras se parecessem com as nossas, para que nosso mérito pudesse se assemelhar ao seu.

Ainda criança, ele havia brincado no terreno com aqueles que mais tarde seriam chamados os *irmãos de Jesus*, isto é, seus primos maternos, e outras crianças do vilarejo. Provavelmente se brincava então como hoje – o Oriente muda pouco, algo que o Evangelho, aliás, insinua –, nos casamentos e nos funerais, ou ainda com aves domesticadas, jogo favorito das crianças orientais. Esses jogos infantis fazem parte do quadro daquela glória plena de graça, a que São João se refere em seu Prólogo.

Já crescido, ele tinha, como qualquer um, relações prosaicas, distinguindo-se tão somente pela perfeição de sua vida, a tal ponto que seus próprios primos não sabiam! Isso se verá depois, pela oposição deles e por suas murmurações. A glória de uma hora no berço divino fora tão discreta que nada restara dela. Um véu de silêncio se havia estendido sobre o Bem-Amado; a fé unicamente, à luz das doces lembranças, ensinava Maria e José o que o filho deles verdadeiramente era.

É claro que eles oravam juntos. Como todos os judeus, pediam a Redenção de Israel. Que sentimentos, então, no grupo sagrado! Que união de corações! Que olhares, que misterioso assombro por parte de uns! Que discreta entrega por parte do outro! Jesus se calava a seu próprio respeito, e esse silêncio era compreendido! E aquelas eram horas divinas, que se desejariam intermináveis!

Mas a vida aguardava, era preciso agir, e os dias passavam, fora das horas rituais, em parte no estudo, em parte no trabalho.

*

Estudo! Palavra estranha, a propósito de Jesus! No entanto, lembremos haver reconhecido nele, ao lado daquilo que é de Deus, tudo o que é do homem; por conseguinte, uma inteligência capaz de progresso, ao menos quanto àquela maneira de conhecer que depende da experiência e do trabalho espontâneo do espírito. O saber humano em estado perfeito não cabia ao menino Jesus, assim como a seu corpo não correspondia uma estatura de homem, nem a seus pés, um caminhar seguro. Ele nada aprendeu do homem, a bem dizer, mas aprendeu das coisas, e da Escritura, que lhe deve ter sido agradável percorrer, visto que o nome de seu Pai nela estava em toda parte.

Tudo isso, aliás, era natural.

Desde os cinco anos de idade, todo filho de judeu devia começar a aprender os versículos da Bíblia. Aos dez anos, era iniciado nas tradições rabínicas, redigidas posteriormente sob o nome de *Mishna*.

Os sábados e os dias de festa, durante as longas horas de lazer passadas em família, eram dedicados a esse cuidado. Além disso, num grande número de cidades, havia uma escolinha contígua à sinagoga; cada professor ficava aí encarregado de vinte e cinco crianças; instruía-as, procedendo por perguntas, como o faria tantas vezes, depois, o divino Mestre. O professor ensinava-as a ler em pequenos rolos de pergaminho ou de papiro, depois a transcrever com o cálamo, nos belos caracteres da língua sagrada, as passagens da Bíblia que julgavam bom ensinar-lhes, como a história da criação, os cânticos das festas, os artigos da Lei.

Por fim, essa educação rudimentar era complementada com lições práticas sobre a maneira de se comportar nas diferentes circunstâncias da vida: uma espécie de curso de civilidade e de boas maneiras para uso de jovens orientais.

Assim transcorreram, para Jesus, os doze primeiros anos. Chegado esse ponto, uma nova carreira se abria para ele, pois era o momento marcado para a entrada na vida social; ele era assim legitimamente admitido às honras do culto; subiria pela primeira vez a Jerusalém.

*

Jerusalém! Adivinha-se facilmente a emoção que toma o coração de Jesus quando ele atravessa as portas do Templo e faz ali sua primeira entrada.

O aspecto desse edifício famoso, cuja planta fora pessoalmente demarcada por Deus, onde repousava sua lei e ressoavam seus louvores havia séculos, em meio aos clamores confusos dos cultos idólatras; os sacrifícios, que faziam correr a jorros o sangue das vítimas, sob a fumaça do incenso e a maré crescente das orações: havia com que comover até o âmago esse coração tão facilmente enternecido, tão pronto para lançar chispas de fogo por tudo o que tocasse à honra do Pai.

Segundo os historiadores, o momento em que os levitas e os filhos de levitas entoavam os Salmos, após a grande libação da Páscoa, era como uma voz de trovão que abalava as bases do Templo e se prolongava até o Vale do Cedron. Jesus devia mesclar sua voz a esse concerto de homenagens e, dirigindo ao Pai o eco de sua própria voz, repetia com o Salmo: "Eis que venho, ó Deus, para fazer Tua vontade".

Não nos demoremos no episódio que marca essa primeira visita ao Templo. Jesus em meio aos doutores é tão somente um presságio; é a antecipação daquela sabedoria cujos tesouros veremos abrirem-se. A fala audaciosa de Maria: "Meu filho, por que agiste assim conosco?" é o impressionante comentário daquele outro versículo: "era-lhes submisso". Por fim, a resposta do Salvador: "Não sabíeis que devo estar na casa de meu Pai?" é toda a sua vida. Ele está aí por inteiro, como num rápido clarão está toda a essência da luz.

Mas a hora ainda não havia chegado. O astro vai entrar em sua noite, até que se levante e se manifeste ao mundo.

Voltemos à sagrada família em Nazaré, para contemplar um novo espetáculo: o de Jesus artesão.

*

Desde a infância até os dias de sua vida pública, Jesus trabalhou. Era necessário, pois o lar de José era pobre. Além disso, havia aí um dever ao qual o Filho do Homem não podia se furtar.

Um israelita que não ensinasse um ofício a seu filho era menosprezado. "É como se lhe ensinasse a bandidagem", diziam os rabinos. Os próprios mestres da doutrina trabalhavam com as mãos. Hillel era escultor de madeira, Shammai, carpinteiro; havia entre eles os que exerciam, sem nenhuma vergonha, o ofício de sapateiro, alfaiate, ferreiro e ceramista. O espírito prático e laborioso da raça judaica nunca a abandonou ao longo dos séculos. Ainda hoje, nas cidades do Oriente, é grande o contraste entre a atividade do judeu e a indolência resignada do muçulmano fatalista.

Por fim, havia no trabalho uma correspondência especial com aquele que não viera "para ser servido, mas para servir", e que queria a um só tempo santificar o trabalho e abrandar-lhe a lei, propondo-nos um exemplo.

O trabalho é uma virtude e, ao mesmo tempo, uma semente de virtude, pois distancia de nós as sugestões do mal; cultiva nossas forças, as do corpo, as da alma; aproxima-nos de nossos semelhantes; faz mais pela questão social que aqueles ociosos fazedores de frases ou aqueles ricos indolentes que se lamentam sobre a infelicidade dos tempos e não percebem que eles próprios são uma chaga social, um objeto de inveja e escândalo para seus irmãos, um ponto morto no grande organismo vivo, um estorvo na corrente da vida humana.

Graças a Deus, a maioria não é assim. O trabalho é a condição comum dos homens. Por isso, Jesus, que se oferece a todos, deu ao povo esse exemplo notável: um Cristo trabalhador durante a maior parte de sua vida.

Qual era o tipo de trabalho de Jesus?

A tradição é unânime ao dizer que ele trabalhava a madeira. Podemos imaginá-lo facilmente no trabalho, ao observarmos, nas ruas estreitas do bairro árabe, em Nazaré, aquelas lojinhas de marceneiros que têm ao fundo uma espécie de gruta, sob a rocha. Eles trabalham não muito longe da soleira, na junção da sombra e da luz, com os braços e as pernas descobertos, talhando jugos ou carroças, imobilizando a peça com o apoio do pé; ou então girando habilidosamente pequenos balaústres para grades, com aquele instrumento primitivo e curioso a que chamamos arco, sob o qual jorram lascas miúdas em feixes de ouro pálido, ao sol.

Imaginamos Jesus trabalhando assim, porém mais grave, mais modesto, mas silencioso, e isso não é augusto? O contraste entre as obras prosaicas e aquele que se digna a dedicar-se a elas confere ao espetáculo uma solenidade que é preciso chamar de religiosa. Isso praticamente nos impele à interiorização, somos chamados de dentro, para unir nosso pensamento ao fluxo de pensamentos que preenche esse silêncio, aos motivos inauditos que dirigem esse labor. E assim nos esquecemos ao observar o artesão divino agindo sem pressa, silencioso, num canto de sombra. E o olhar segue suas mãos, e buscamos seus olhos, e vemos sua alma que preenche com tranquila resplandecência aquela pequena loja, e Nazaré, e o mundo... E sentimo-nos deliciosamente apequenados por esses pensamentos altos, como um mosquitinho que desfalece e morre numa lâmpada, inundado de raios.

*

Provavelmente o trabalho de Jesus nem sempre era intenso. O espírito de seu povo e de sua época não se prestava a isso. Seria um erro imaginar, numa oficina do Oriente, o aspecto febril que as nossas apresentam. Nossos climas rudes criaram a concorrência vital; nossa energia se desdobra com uma espécie de frenesi para a satisfação de necessidades mais ou menos artificiais; o Oriente, porém, não é assim. Mesmo hoje e, principalmente, naquela época, a vida é patriarcal e tranquila. O labor tem aí seu lugar, é claro; mas nem por isso toma o do lazer, cujas horas são prolongadas pela simplicidade da vida.

Aliás, os sábados e os dias de festa suspendiam necessariamente o trabalho. O que Jesus fazia então?

Nós já o insinuamos: orava, lia a Bíblia, contemplava.

Ao teto plano de sua casa, à moda oriental, ou a algum ponto elevado do entorno, ele subia. Quantas vezes, talvez, não terá galgado uma daquelas colinas que dominam Nazaré, de onde toda a região se descortinava para ele, todos os futuros trajetos de seus apóstolos!

Ao norte, as serras do Líbano e do Antilíbano, com o Hermon coroado de neve. No levante, o Mar da Galileia, escondido de leve por uma cortina de colinas, futuro teatro de façanhas divinas. Ao sul, o Gelboé, as colinas de Endor, de Jezrael e, mais longe, o Ebal e o Garizim lhe relembravam, junto com a Planície de Esdrelon, as grandes guerras e os altos feitos de seus ancestrais. Bem perto dele, o Tabor lhe oferecia seu pedestal de glória. Por fim, no poente, por trás dos cimos esbranquiçados do Carmelo: o "Grande Mar", por onde a boa nova alçaria seu voo a largas asas.

Não é difícil suspeitar o que se passava, então, na alma do Senhor.

E quando, ao entardecer, o horizonte se encolhia sob o cair da noite; quando ele via, nas áreas do entorno, os joeireiros lançando a semente ao vento de verão, e os lavradores voltando para casa, e os rebanhos a levantar ao longe pequenas nuvens de poeira, e as sentinelas vindo ocupar sua torre de guarda; e quando o perfume das amendoeiras e dos limoeiros, numerosos nas reentrâncias das colinas, o alcançavam, seu devaneio quiçá se suavizava. Sua imaginação se preenchia daquelas belas imagens que as *Parábolas* ofereceriam ao mundo. E em toda aquela natureza encantadora, tanto na terra como à beira do céu, Jesus lia o nome de seu Pai, descobria os símbolos sublimes em que a verdade resplandece e se oculta.

Posteriormente, quando a ação exorbitante o tiver capturado, Jesus sempre fará questão de preservar sua solidão. Ele é oferecido ao mundo, mas a medida, isso é algo que sua sabedoria estabelece. Ele se mostra, age, fala, cura, consola, exorta, faz-se tudo para todos; feito isso, porém, a vida interior retoma seus direitos e ele se isola. *Ele se retirou, sozinho, na montanha*, dizem mais de uma vez os evangelistas. Durante dias inteiros e dias seguidos, procuram-no, mas não o encontram. Foi o deserto, foi a montanha que o sequestrou. Lá está ele, em algum retiro umbroso, ao pé de alguma daquelas árvores poderosas ou numa gruta que se abre em pleno céu, como as que encontramos a cada passo na Palestina, e lá sua alma se eleva a Deus.

Evidentemente – é preciso redizê-lo –, essa alma carregava em toda parte sua solidão, mesmo em meio ao trabalho e ao ruído; mas buscava o recolhimento visível para a instrução dos seus e para a nossa.

É preciso que saibamos nos recolher, nós também. Sejam quais forem nossas preocupações, é preciso que façamos para nós uma vida interior, em que as contrariedades do trabalho não entrem em absoluto, ou antes só a penetrem para servir de impulso a Deus.

É bom que haja obras exteriores, contanto que partam de um fundo que lhes dá valor aos olhos do mestre. O que são nossas obras, em si mesmas? Que diferença pode fazer para Deus que nossas mãos ou nosso cérebro trabalhem? E se outros recolhem os frutos, ou nós mesmos, que valem esses frutos se não levam à vida eterna, e o que restará deles amanhã, quando nós e os nossos tivermos passado e o balanço de nossa vida se saldar em moedas de alma?

É preciso, portanto, cultivar nossa alma; para isso, a solidão e o recolhimento se impõem.

A solidão chama Deus, abre o coração aos grandes pensamentos, faz-nos tocar aquele fundo de nós mesmos onde se preparam as resoluções viris e se dissimulam nossos verdadeiros recursos.

Por isso, a vida oculta é um grande exemplo. Trinta anos... comparados a três anos! Três anos de ação e trinta anos de silêncio, de trabalhos obscuros, de dedicação escondida, de obediência!

A obediência a Deus, a Seus representantes, aos acontecimentos dirigidos por Ele; o desapego de si mesmo e daquilo que mais tarde ele chamaria *o mundo*, isto é, o mal, as falsas máximas, as falsas aparências, os falsos amores: essa é então toda a glória de Cristo. Precisaria ser também a nossa.

Nossa vida não é espetacular todos os dias; é uma vida oculta, em grande medida; imbuí-la com o espírito de Cristo é nela inserir a paz; é conferir-lhe a serenidade divina, a segurança do ser tranquilizado quanto ao próprio caminho e que vislumbra, no fim, a recompensa: o céu.

IV. A pregação de Jesus

azaré, como dizíamos, é uma preparação. Isso significa que a obra estava às portas. Aproximava-se o momento em que Jesus, vindo para restaurar a humanidade, trabalharia para realizar essa grande obra. Era preciso relembrar a verdade nos espíritos, portanto, ensinar; lutar contra o império do pecado, portanto, exortar; ligar os homens a Deus por um vínculo de amor, portanto, revelar aos homens esse amor, fazê-los conhecer o Pai celeste e inspirar-lhes confiança em Sua bondade. A vida pública do Salvador tinha esse triplo objetivo. Eis por que, um dia, a oficina de José ficou vazia, e o Filho do Homem se mostrou.

Em quais condições se fez a passagem da vida oculta de Jesus à vida pública, isso é algo que o Evangelho nos ensina. Jesus compareceu primeiro ao Jordão, para lá ser batizado por João Batista. Aquele que instituiu o batismo quis ser o primeiro a dar o exemplo; queria santificar por seu contato aquelas águas que serviriam para regenerar seus filhos; queria lavar, em sua pura carne, a carne manchada dos filhos de Adão.

Partiu de Nazaré para lá, portanto, cortando pelo leste até o fundo daquela enorme depressão em que o Jordão se precipita, vindo do norte, e onde repousa, como num sepulcro – quatrocentos metros abaixo do Mediterrâneo –, o Mar Morto.

Ali ele recebeu o testemunho de João, o testemunho do Pai celeste; imergiu nas águas daquele rio que, atravessando a Palestina de um lado a outro, ali cria a vida, como Jesus viria a criá-la para o mundo. Depois, dirigiu-se àqueles ermos que circundam Jericó, desejando viver sozinho durante quarenta dias, e assim entrar em sua vida ativa pelas avenidas do silêncio.

Esses ermos eram aqueles aonde os profetas de Israel vinham outrora revigorar sua alma, onde o precursor, extenuado dos jejuns e imbuído das visões messiânicas, lançava à noite seus longos clamores, depois de haver durante o dia instruído e batizado perto do rio. Jesus aí se retira como que para estabelecer, no momento de iniciar sua obra, um contato mais íntimo com o Pai, para compor com mais calma os anos de sua obra. E jejuou, e sofreu os assaltos do *Inimigo*, que assumira o papel de opor-se à tarefa dele. E, voltando-se para o futuro, abraçou com o olhar a obra a ser feita. Como o sol no salmo, ele se lançava em sua carreira, em espírito, "com a alegria de um herói", rico das riquezas do infinito, ardendo por revelar sua alma e vertê-la na alma das multidões.

Depois de quarenta dias, voltou, portanto, às margens do Jordão e, misturando-se às multidões que acorriam de todas as partes à pregação de João Batista, falou.

Três perguntas são suscitadas em nós a respeito dessa fala:
Qual é seu palco?
De que maneira ela se propõe?
Quais são suas características predominantes?

*

O teatro do apostolado de Jesus é o minúsculo país formado ao norte pelo Líbano, no levante pelos montes de Moab e Galaad, ao sul pelo Mar Morto e pelo deserto, no poente pelo "Grande Mar".

Era uma extensão aproximadamente igual à da Suíça; sessenta léguas de comprimento, de acordo com os cálculos de São Jerônimo. Quanto à largura – no máximo vinte léguas –, o grande doutor a considerava tão pequena que não ousava mencioná-la, por medo, escrevia, de parecer assim dar munição aos sarcasmos blasfematórios dos pagãos.

De fato, existe algo estranho, quase perturbador, em pensar que aquela imensidão que é a vida de Jesus estivesse inteiramente confinada nesse espaço. Dois dias de caminhada, para atravessar de um lado a outro o país de Jesus! Foi a seu respeito que se escreveu: "Pouca coisa é que sejas o meu servo para restaurares a tribo de Jacó e reconduzires os sobreviventes de Israel. Também te estabeleci como luz das nações, a fim de que a minha salvação chegue até as extremidades da terra". Que contraste entre a imensidão desse papel e a aparente estreiteza desse campo de ação! Quando os *irmãos* de Jesus lhe dizem: "Se fazes tais coisas, mostra-te ao mundo!", ficamos tentados a dizer: eles tinham razão. Como Jesus, o homem universal, consente em consumar sua vida naquela espécie de marcação de passo, abordando o universo por um único ponto?

IV. A pregação de Jesus

Existe nisso, parece-nos, não o escândalo que alguns encontram aí, mas um dos traços divinos da conduta do Senhor.

Deus aprecia esse procedimento, que consiste em fazer a imensidão sair do nada, a grande árvore da sementinha. Ele mesmo criou a partir do nada, a fim de que o nada desse testemunho de Sua força, e, assim como Ele construiu a natureza, construiu a supernatureza.

Podia enviar Seu Cristo a todas as regiões do universo; podia prolongar sua vida até abarcar a vida do mundo: preferiu reduzir ao mínimo tanto essa vida como seu palco. Trinta e três anos, ou mesmo três anos, é realmente o mínimo de uma vida ativa; a Palestina é realmente o mínimo de uma pátria; no conjunto dos tempos e dos espaços, isso não conta, e é porque não conta que Deus prefere assim. Seu Cristo não transporá os limites dessa pequena Judeia. Recusou-se a sair desse quadrado de terra. Nessa minúscula área, caminhará por toda parte, despendendo meses para percorrer quatro dias de caminhada. E, depois que tiver dito uma palavra e dado um exemplo, morrerá, deixando a seus apóstolos o cuidado de conquistar o universo.

Os apóstolos! Será que conseguimos imaginar o que havia de ousadia louca e até de megalomania em encarregá-los – a eles! – de conquistar o mundo? Barqueiros, um funcionário de alfândega, um carpinteiro: mas era isso o que eles eram; pessoas humildes que ele um dia havia tirado de suas ocupações e que com frequência não entendiam nada do que ele lhes dizia. Jesus os conhecia bem! Sabia que não se podia contar com eles e proibia-os de fiarem-se em si mesmos. Mas acrescentava: "Eu lhes enviarei o meu espírito". Era esse *espírito* que renovaria a face da terra. É a presença *em espírito* de Jesus Cristo que importa à sua obra, não sua presença física. É por isso que ele age sem precipitação e morre sem temor. Os homens se apressam porque não são senhores do tempo; querem fazer tudo por si mesmos, porque não são senhores dos outros: não podem lhes dar a genialidade nem algo que pudesse substituí-la. Jesus Cristo é o senhor do tempo e o senhor dos homens. Sua vida na terra é apenas um clarão; sua pátria terrestre, um ponto; mas a partir desse ponto do espaço e do tempo a que está atado por sua condição mortal, sua influência se irradia por todos os espaços e por todos os tempos.

Talvez conviesse restringir ainda mais o palco do apostolado de Jesus e dizer que a verdadeira região do Evangelho é aquela Galileia das bordas do lago, que toda alma cristã vê como uma pátria e que impressiona, mais ainda que Jerusalém.

Quando o peregrino dela se aproxima, nas longas jornadas de caravana, parece-lhe que retrocede na história. Cada um de seus passos apaga para ele o tempo, e, uma vez próximo de seus limites, transportado vinte séculos para trás, tem a impressão de se tornar por uma hora contemporâneo de Jesus.

De fato, lá foi proclamada a nova lei. Ele falava, sentado num rochedo – tendo à sua volta a multidão, espalhada em níveis pelas ladeiras e estreitos planaltos que dominam o lago –, abrindo ao céu o coração do homem.

Naquele tempo, uma dúzia de cidades circundava o pequeno mar. Quantas vezes ele não passou de uma a outra atravessando suas águas, ora tranquilas, ora agitadas por tempestades, para ir a Cafarnaum, chamada de sua cidade, para Betsaida, Corazaim e Magdala, onde quer que houvesse uma alma a ser colhida, uma palavra a ser semeada.

IV. A pregação de Jesus

Hoje o silêncio reina nessas águas. A desolação habita essas margens. Parece que nenhuma realidade ousa tocar nesse sonho: a presença de um Deus. Restam alguns traços de vida: um barco, alguns pescadores recolhendo suas redes, como no tempo de André e Simão Pedro; uma tenda de nômades, que insere em todo o encanto natural dessas margens sua nota melancólica, e só. E tudo isso assume o aspecto da fantasmagoria: símbolos vivos cuja única razão de ser, pareceria, é conferir sustentação ao sonho...

É que, quando chegamos a essas regiões, não poderíamos abrigar sentimentos prosaicos! Neste local perfeitamente autêntico, tão deliciosamente imutável, onde um silêncio de adoração parece planar, onde a vida barulhenta de outrora se fixou como em um sorriso, onde a cada ano, silenciosamente, a natureza, cuja vida é aqui apenas um perpétuo aniversário, volta a se pôr em festa, cobrindo de flores a plenitude dos vales, carregando de aromas e cores o ar entorpecido na luz vibrante, a imaginação se exalta e aguça. Inebria-se do passado, e os séculos rejuvenescidos lhe falam. Acreditamos ouvir, flutuando no ar, a um só tempo sonoro e misterioso como uma voz interior, todo o evangelho de Jesus: "Bem-aventurados os pobres! Bem-aventurados os que sofrem! Vinde a mim e eu vos darei alívio!". Isso se ouve através da muralha dos séculos, e não posso evitar este pensamento: nesta mesma hora, de todos os pontos da humanidade, a multidão das almas que leem o Evangelho converge para este ponto em que eu, privilegiado, estou pisando; o sonho delas plana de modo obscuro sobre esta torrente em que meu barco desliza; sinto-lhes o sopro e o sopro das almas de todos os séculos que habitaram em espírito nestas águas.

Ele nos relembra que um dia, nas alturas de Gadara, pequena colina que domina o lago a uma légua de distância, sentados num rochedo que formava uma espécie de promontório, olhávamos um daqueles admiráveis poentes que são a riqueza sempre renovada da natureza oriental. O astro baixava lentamente, como que repousando sobre as brumas violetas que se erguiam da terra. E o lago se estendia abaixo dele, e ele, brilhante e suave, inundava-o com sua radiância serena. E, bem no alto, sua glória iria perder-se no infinito, enquanto à direita e à esquerda ela se estendia, roçando o ombro das colinas, até aquele horizonte longínquo que se assemelha, aos olhos, ao fim do mundo. E dizemos: Eis o Cristo!

Ele passou a vida confinado nesta pequena área. Como o sol, que neste momento parece pertencer ao lago de tanto que se aproxima dele, de tanto que sua pupila parece só ter olhos para ele, o qual, no entanto, ilumina o mundo e habita o céu: assim é Jesus. Ele pisou este solo; subiu este Tabor, que tenho diante de mim; falou, agiu, tendo à sua volta um grupo ínfimo. Na realidade, sua palavra se dirigia ao mundo. Que importa o canto da terra onde ele pousou os pés? O palco não é nada; a realidade que aí se mostra é um infinito, e é a todos os homens que se dirige o que Jesus dizia aos pescadores destas margens e às multidões restritas que o seguiam.

*

Como o Salvador procedia em sua pregação?

Esperaríamos vê-lo, legislador e mestre, apresentar-se trazendo nas mãos um código, um corpo completo de doutrina, que abarcasse todos os grandes temas propostos por ele. Nada disso. Nenhum escrito, nenhum sistema, nada de estudado e apresentado segundo uma ordem qualquer. Ele se apresenta, e é *Ele* a doutrina e a verdade. Deixa-se observar, e isso já é um ensinamento; age, e isso é um ensinamento; fala, e o ensinamento se torna mais preciso, sem, no entanto, encerrar-se nos limites apertados de um sistema. Sua fala é entregue ao aparente acaso das circunstâncias, e é o contexto prosaico da vida judaica que será o âmbito de seu apostolado.

Todos os sábados, em todas as cidades de certa importância, as pessoas se reuniam na sinagoga; aí se orava em grupo; aí se lia a Bíblia, que uma pessoa eminente do público era convidada a comentar. Jesus tirava proveito desse costume, e uma passagem de São Lucas nos mostra, ao vivo, como as coisas transcorriam.

Era um sábado, em Nazaré. Jesus, "revestido com a força do Espírito", compareceu à sinagoga "segundo seu costume". Ora, o povo, depois das orações de praxe, aguardava a leitura do Livro de Deus quando, do meio da multidão, um jovem se levantou, indicando sua vontade de falar. Era Jesus, o carpinteiro. A surpresa deve ter sido grande! Nenhum profeta é bem recebido em sua pátria, como diria o Salvador. O que se sabia melhor sobre ele, em Nazaré, não obstante o rumor que seu apostolado exterior já houvesse suscitado ali, é que não havia estudado com mestre algum e praticamente só conhecia as próprias ferramentas.

No entanto, o chefe da sinagoga assentiu. Jesus subiu ao púlpito, uma espécie de tribuna com grades de madeira sobre a qual se estendiam as Bíblias e, recebendo das mãos do *hasan* o volume dos profetas, pôs-se a desenrolar suas tiras e leu: "O Espírito do Senhor está sobre mim, porque Ele me ungiu para evangelizar os pobres; enviou-me para proclamar a remissão aos presos e aos cegos a recuperação da vista, para restituir a liberdade aos oprimidos e para proclamar um ano de graça do Senhor".

Então parou, enrolou o livro, entregou-o ao *hasan* e sentou-se para o comentário.

Todos tinham os olhos fitos nele, diz São Lucas. Esperavam o que ele lhes diria. E, em meio ao silêncio, ele começou:

"Hoje se cumpriu aos vossos ouvidos essa passagem da Escritura".

E com uma eloquência plena de grandeza, expôs esse pensamento de que por meio dele o reino do mal teria fim. E todos, diz o autor sagrado, testemunhavam a seu respeito; admiravam-se das palavras cheias de graça que saiam de sua boca, e diziam: Não é o filho de José?

Outras vezes, com mais frequência, Jesus percorria o país, falando e curando em seu caminho, entrando nos vilarejos, parando nos grupos, espreitando as almas à beira das fontes, passeando em Jerusalém sob os pórticos de Salomão, cercado de discípulos, ou antes, na Galileia, reunindo as multidões à beira do lago, subindo numa rocha ou num barco, para, do alto, deixar seu coração entregue à inspiração divina.

De todas as maneiras, por fim, e a propósito de tudo, de perguntas que lhe fazem, acontecimentos que ocorrem, curas que ele opera, testemunhos que recebe, das oposições que encontra, das conversões que alcança, ele fala, lança a semente, irradia seu pensamento, seus sentimentos, tudo o que ele é. É a verdade que repousa, como em seu lar, nesse invólucro humano, e que se mostra, luminosa, em cada chamado.

O que vale para a *Pregação* vale também para o palco dela. Jesus não se preocupou em ir a todos os lugares: não se preocupou em dizer tudo, e tampouco em dizer metodicamente. Que uso teriam para ele método e sistemas? Por que querer expressar todas as coisas num único bloco? Ele é a autoridade viva, que fornece a verdade à medida que as circunstâncias a exigem. E essa autoridade, que na aparência só se mostra um minuto, que se eclipsa, ao que parece, na Ascensão, na realidade permanece indefectível. "E eis que estou convosco todos os dias, até a consumação dos séculos", disse o Salvador.

Façamo-nos compreender: é a sociedade que ele fundou, a Igreja, que é, depois dele, a autoridade viva. Continuadora de sua missão, atuando sob seu olhar, ensinando em seu nome, fazendo-o ela também a propósito dos diversos incidentes da vida dos povos, ela formula aquilo em que se deve crer e que se deve praticar.

E aí reside, digamos de passagem, o que condena o erro dos nossos irmãos separados do protestantismo. Eles adoram o Evangelho e rejeitam a autoridade viva, não vendo que o Evangelho é tão somente um fragmento de Jesus Cristo, e que Jesus Cristo vive por inteiro na Igreja.

Tudo se sustém, na obra de Deus. A obra de Jesus Cristo transborda de todos os lados o estreito espaço em que ele parece confinado, e uma sabedoria, uma serenidade que só poderiam ser divinas presidem à organização desse plano que abarca toda a vida do mundo: armadilha gigantesca e toda de amor em que o Universo deve ser pego.

*

As características que distinguem as palavras de Jesus podem ser reduzidas a duas: a simplicidade na profundidade e a força persuasiva, que resulta da certeza sobrenatural de quem fala, de seu caráter, e de sua vida.

Simplicidade e profundidade: essas duas características não podem ser separadas na palavra do Senhor. Ele trazia a sabedoria de Deus; vinha iluminar a vida humana, religá-la a seu princípio, que é o infinito, orientá-la para seu fim, que é um fim sobrenatural. Ele próprio, Jesus Cristo, era um mistério vivo, e era preciso que ele se desse a conhecer. De todo modo, sua linguagem só podia ser profunda.

Por outro lado, dirigia-se aos simples, diferentemente dos fariseus, que faziam do desprezo aos humildes e aos ignorantes uma das leis de sua conduta e até de sua virtude. Contrariamente aos homens geniais, que, no intuito de reformar o pensamento humano, dirigem-se às classes elevadas e põem de lado ou negligenciam o homem comum, Jesus era e continua a ser o homem da multidão.

O sinal da divindade de sua missão fornecido por ele era a evangelização dos pobres: era preciso que os pobres pudessem compreender. Os grupos que se formavam em torno dele, e cujos personagens principais eram Pedro, o pescador, Tiago, o carpinteiro, Mateus, o alfandegário de Cafarnaum, não o teriam acompanhado muito tempo em abstrações eruditas. Era necessário que o infinito de Deus se adaptasse à fraqueza daqueles homens. Assim ele fez.

Leiam seus discursos. Todos – exceto em raras ocasiões muito especiais – são de uma simplicidade que chamaríamos de régia: essa palavra expressa bem, acreditamos, o caráter deles. As pessoas régias, na intimidade, falam sobre coisas grandiosas com uma simplicidade desconcertante. Reinos, cetros, coroas são vistos por elas como, por nós, objetos prosaicos. Assim, Jesus fala com tranquila majestade dos objetos divinos que ele nos entrega.

Sua eloquência é naturalmente sublime, porque seu fundo é naturalmente divino. E por isso ela é simples, espontânea, natural, sem arroubos provocados, sem deslumbramento e sem precipitação.

Basta ler os profetas, que falam sobre as mesmas coisas: a diferença é gritante. Os profetas se atormentam, porque a inspiração deles vem de fora. São *arrebatados* para fora de si mesmos: seguem os voos do Espírito, intermitentes e tempestuosos, em regiões de luz superior. Jesus, por sua vez, traz a luz em si mesmo: muito naturalmente ela resplandece. Ele não precisa se lançar nas regiões do mistério: o mistério reside nele; o mistério é ele, que o desvela num abrir de mão.

Uma qualidade, no entanto, se impunha. Para exercer ascendência sobre o povo, essa palavra tinha de ser rica em imagens e viva.

O povo é uma criança; nesse aspecto, aliás, todas as multidões são povo. É preciso falar com elas em imagens, em comparações, em figuras. Traços atraentes, formas vívidas: o oriental, em particular, aprecia isso. Os rabinos da época o sabiam bem: os Talmudes estão recheados disso; seu defeito, porém, é o pedantismo, são os bizantinismos ridículos. Jesus, por sua vez, suprime o exagero e mantém a coisa. Preserva o traço, a imagem vívida, a formulação incisiva, a comparação soberba e familiar.

Evita a fábula: esta contém um elemento de erro e puerilidade que desagrada aos pensamentos divinos; adota, porém, a parábola, véu transparente de pregas nobres, atrás do qual a verdade se mostra e, ao mesmo tempo, se adorna; estímulo admirável para o espírito, para a imaginação, para a sensibilidade, em que um fato real, gracioso ou comovente, atraente ou grave, prepara para a aceitação de conclusões austeras. E tais parábolas não eram trazidas das regiões longínquas da fantasia ou do capricho: ele as tomava da vida real, das cenas de todos os dias, dos objetos que se apresentam diante de seus olhos: montanhas, cidades, fontes, sepulcros. Ele as colhia ao passar pelos trigais, onde a flor dos campos se esconde; pelos pastos em que as ovelhas brancas e as cabras pretas, separadas em dois bandos, lhe ofereciam a imagem do julgamento; pelas vinhas guardadas por turnos de sentinelas, como a que o Pai Celeste plantou, nos pomares em que a figueira estéril ocupa o solo... Toda a natureza se levantava, de certa forma, e acorria para entrar na moldura maravilhosa de sua palavra, como os galhos de árvores, no caminho do Egito, inclinavam-se, segundo a lenda, para homenageá-lo com seus frutos.

Se estivesse no Templo, no momento da grande libação ritual, exclamava: "Se alguém tem sede, venha a mim e beba". Quando se acendia o grande candelabro do pátio, de quarenta côvados de altura, o qual iluminava a cidade inteira, ele dizia: "Eu sou a luz do mundo". Ao ver entrarem no Templo, pela chamada *porta das ovelhas*, os rebanhos destinados aos sacrifícios provenientes do deserto de Judá, dizia: "Eu sou a porta das ovelhas"; "ninguém vem ao Pai a não ser por mim".

E o povo, maravilhado, exclamava: "Jamais um homem falou assim!". E esqueciam tudo para ouvi-lo. "E as multidões se admiravam", diz a cada instante o Evangelho. E quando ele lhes dizia: "Compreendestes todas essas coisas?" – "Sim, sim!", exclamavam. Então, lançando sobre a multidão das almas, como uma rede, uma daquelas frases simples como a natureza e vastas como o infinito, concluía.

"Em verdade, em verdade vos digo", exclamou ele um dia, ao fim de uma de suas instruções familiares, "esta geração não passará sem que tudo isso aconteça. Passarão o céu e a terra. Minhas palavras, porém, não passarão".

Em que esplendor se resolve a simplicidade das palavras divinas! Que visão! Que imagem grandiosa! Como ela evoca, com uma simples palavra, as miríades dos séculos – quem sabe? – que medem as crises dos astros. Evoluções inauditas, cataclismos formidáveis, mundos desmoronados e que Deus troca, diz o salmo, como nós fazemos com nossos casacos; eis o que ele evoca. E suas palavras, diz ele, imutáveis em meio à maré dos mundos, não serão atingidas; planarão sobre as apoteoses e as ruínas, como uma lei sublime e constante.

Sobre a autoridade das palavras do Senhor, pouco queremos dizer; adivinha-se, porém, de onde ela procede. "Suas palavras eram cheias de poder", diz o Evangelho. "Ele falava como quem tem autoridade, não como os escribas." Com certeza! Ele era o primeiro, o único, a ter autoridade para ensinar o homem.

Quem, portanto, tem o poder de ensinar o homem? A Verdade! Somente ela! Quem não é a Verdade e propõe sua autoridade pessoal, esse engana os outros ou engana a si mesmo. Jesus Cristo, porém, é a Verdade; é a verdade substancial. Por isso, não invoca ninguém. Fala e pede que as pessoas acreditem em suas palavras. Ensina como Deus deve ter ensinado o primeiro homem, procedendo por afirmação, e com a serenidade que provém, nele, do senso da verdade, e que suscita esse sentimento nos outros.

Nada de discussão: "Em verdade, em verdade vos digo..." não é suficiente, quando se considera quem fala? Sua certeza serena põe a doutrina a cem mil léguas das discussões humanas, em regiões inacessíveis de eternidade, e sob a forma de um aforismo, de uma parábola, de um daqueles traços, nítidos e incisivos, que de súbito iluminam a inteligência; ele enfrenta tudo, desenreda as questões mais espinhosas, responde aos sofistas mais ardilosos, faz cair em pedaços um arcabouço de argumentos, como aquelas peras de vidro que se estilhaçam quando se lhes quebra a ponta. E mesmo seus inimigos são reduzidos ao silêncio, ou à exclamação de um "bravo": "'*Bene dixisti, magister*', 'Muito bem, mestre!' E depois disso já não ousavam interrogá-lo".

Ah! É que quem falava não era um orador comum! Tinha em si a certeza de Deus, e também o poder de Deus. Podia sublinhar cada uma de suas afirmações com milagres. Ora, um milagre prova a veracidade de uma doutrina como o trovão prova a existência do raio.

Possuía, por fim, mesmo humanamente, todas as características que ajudam a verdade a compor seu traço. Possuía o desapego, a preocupação exclusiva com os interesses de seu Pai, o amor verdadeiro pelo povo, que tantos outros adulam com o intuito de explorar e que ele, por sua vez, repreende, corrige, consola, cura, como um pai generoso e firme.

Possuía o encanto de sua pessoa, um misto ideal de todas as seduções nobres, de todas as graças. Possuía, acima de tudo, sua vida idealmente pura, soberanamente benfeitora, de uma perfeição acima das forças humanas, e quando dizia aos inimigos que resistiam à sua doutrina, olhando-os de frente: "Quem de vós me acusará de pecado?", e o silêncio respondia por si só a esse desafio verdadeiramente divino, tinha o direito de dizer em seguida: "Por que não acreditais em mim?". Sua vida respondia por ele e repelia para bem longe qualquer suspeita de erro ou de mentira. Ele era santo, a santidade em pessoa; era, portanto, verdadeiro, a própria verdade: essas duas coisas não se separam.

Ó tempos felizes, que ouviram tais coisas! Ó lugares benditos, que recolheram delas o perfume!

Quando percorremos esses lugares, atualmente povoados de silêncio, todas essas lembranças se erguem em torno de nós, incontáveis. Tudo o que vemos nos relembra um traço, um evento sagrado, uma parábola. E seguimos adiante com respeito, como num templo ou numa avenida triunfal. Essa terra que susteve Jesus, esse céu admirável que o cobriu, essas colinas que ouviram sua voz, esses aspectos eternos das coisas que impressionaram seus olhos, tudo isso abala a alma deliciosamente e a mergulha num sonho muito suave, que convida a ler e reler o Evangelho.

Por que o lemos tão pouco?

V. A oração de Jesus

Para Jesus Cristo, como dissemos a propósito de Nazaré, a vida exterior é secundária: sua obra real é uma obra oculta, consiste em suas relações invisíveis com Deus e com a criação. Nada aí, aliás, de surpreendente: isso não está muito longe de valer para nós mesmos. O que são palavras e ações, com base nas quais os homens nos julgam? A superfície de nossa vida é como uma casca leve. Há, embaixo dela, a alma. Todo um mundo interior de pensamentos, desejos, tendências, aspirações, sonhos, alegrias, pesares, eis o que, no fundo, faz de nós o que somos. Para que nos conheçam, não são nossas palavras que deveriam saber, é nosso silêncio; não são nossas ações, é nosso repouso; é aquela vida interior que prossegue, obscura, quase despercebida, subjacente a nossas atividades de superfície, assim como no fundo dos mares circula e fervilha, longe da superfície tranquila ou tempestuosa, todo um mundo de seres vivos.

Em Jesus Cristo, o contraste é bem mais profundo. Insignificante, dizíamos, é o palco de sua ação exterior; insignificante, a duração dessa ação: o que valeria, então, a ação em si, se nada houvesse além dela?

Todos nós sabemos que ela não o é.

Jesus Cristo age externamente para nossa instrução; mas é em seu interior que se desenrola o verdadeiro drama. Lá se trata do grande assunto, entre o Pai Celeste e o Homem-Deus.

Ora, tudo isso transparece em sua oração.

Jesus orava, não resta a menor dúvida: muitas vezes o Evangelho o afirma. O que pode parecer questionável para nós é a explicação desse fato, que de início parece um contrassenso.

Jesus é Deus. Sendo assim, como conceber uma oração em seus lábios? Como homem, ele está tão próximo da divindade, pela inteligência e pelo querer, que não enxergamos bem o que a oração poderia acrescentar aí, e que caminho poderia ser deixado, para realizá-la, às ascensões da alma.

No entanto, a inteligência de Jesus, no que ela tem de semelhante a nós – queremos dizer, aquele ato que nos torna escravos dos objetos, no momento preciso em que eles nos ocupam –, poderia buscar sua emancipação e, em certas horas, preocupar-se apenas com Deus.

Ademais, cumpria mostrar o elo que existe entre Ele e seu Pai, e nada poderia fazê-lo melhor que a relação de intimidade característica da oração.

Por fim, Jesus nos devia o exemplo. Ele obedeceu, ainda que não tivesse de obedecer, sofreu, ainda que não tivesse de sofrer; morreu, ainda que não devesse nada à morte; quis orar para nos ensinar a "orar sempre".

Está claro que Jesus orava, primeiramente nas condições indicadas pela lei judaica: na sinagoga, como dizíamos; no Templo, onde o culto a Deus, escrupulosamente seguido, comportava muitas orações.

A cada entardecer, em especial, ao fim do culto do dia, derramava-se a libação e, ao som dos acordes da música do Templo, os levitas entoavam os salmos. Cada salmo era dividido em três seções; a cada intervalo, os sacerdotes faziam soar três vezes suas trombetas de prata. Era o sinal da adoração, para o povo.

Nada era negligenciado para impor o respeito. O adorador devia subir os degraus solenemente e em silêncio. Não devia ter nas mãos nem cajado, nem sandálias, nem bolsa, nem alforje. Ao que parece, essas mesmas recomendações, dirigidas posteriormente aos discípulos, quando estes partiam para pregar, tinham por objetivo, no pensamento do Salvador, fazê-los considerar seu ministério um verdadeiro culto, comparável ao do Templo.

Como atitude de oração, havia a inclinação da cabeça, a flexão dos joelhos e a prosternação, tal como a fez o Salvador na oração de sua agonia.

O adorador, quando se mantinha de pé, devia ter compostura, ajustar sua roupa, aproximar os pés, baixar os olhos, curvar as mãos sobre o peito e manter-se diante de Deus, diziam os doutores, "como um servo diante de seu senhor, com toda reverência e todo temor".

Não é difícil imaginar o Salvador, modesto, grave, orando num tom compenetrado, no lugar a que ele chamava a Casa de seu Pai. Ele observava o culto judaico antes de aboli-lo; queimava o último incenso antes que o altar desmoronasse.

Em segundo lugar, Jesus orava com seus apóstolos. As palavras que ele nos deixaria – "Onde houver dois ou três reunidos em meu nome, aí estarei eu no meio deles" – em diversas ocasiões devem ter sido cumpridas por ele ao pé da letra.

Por vezes com o grupo apostólico, por vezes com dois ou três, como no Tabor, ele dava o tom da oração, animava os seus com seu exemplo.

Um dia, essa cena assumiu uma grandeza e uma solenidade especial.

Foi no Monte das Oliveiras. Depois dos dias movimentados, transcorridos no pátio do Templo, em discussões com os doutores, Jesus se retirava para lá com os seus. Sob o domo prateado das velhas árvores, eles se abrigavam, buscando um refúgio; pois era lá, segundo a narrativa de São Lucas, que eles não raro passavam a noite.

Ora, um dia, ao galgar a colina, os discípulos se pegaram dizendo: Mestre, ensina-nos a orar. E Jesus, de pé no meio deles, tendo atrás de si o panorama da cidade santa, figura do mundo, e, bem no pé da colina, atrás da corrente do Cedron, as enormes construções do Templo, com seus altos pilares, figura das grandezas de Deus, Jesus ofereceu a eles e ao mundo a lição sublime: "Quando orardes, orai assim: Pai nosso que estás nos céus...".

Atualmente, no lugar que a tradição aponta como aquele em que o *Pater* foi composto, uma princesa teve este pensamento devoto: mandou construir uma capela com uma espécie de claustro, sob cujas arcadas foram engastados, na parede, ladrilhos em que o *Pater* se repete, de arcada em arcada, em trinta e duas línguas. É o universo repetindo, por todas as suas vozes e a toda hora, a oração ideal, que só poderia vir do céu.

Por fim, e provavelmente na maioria das ocasiões, Jesus orava sozinho.

Olhemos de perto essa oração, primeiramente nas condições exteriores, depois, tanto quanto isso nos seja possível, em seu teor.

*

Fora as orações do Templo e da sinagoga, todo judeu, de acordo com as prescrições rabínicas, devia orar três vezes por dia. Não resta muita dúvida de que o Salvador se submeteu às leis de seu povo.

No entanto, era principalmente à noite que sua oração, livre de entraves, se prolongava.

É provável que ele concedesse a seu corpo o repouso, o indispensável repouso; mas este era curto, porque ele era livre.

O sono de Jesus não era, como o nosso, o sono que sobe de baixo, como o chamado da terra de onde somos extraídos e que nos invade com uma força irresistível. Era o repouso consentido, não o repouso tomado. Sua alma, como senhora, regulava-lhe a medida e a forma, e retardava-lhe a hora, para que ela própria, antes da matéria, pudesse desfrutar de seu repouso ideal.

Era justo, afinal, que, depois de haver durante o dia agido, pregado, trabalhado, sofrido, levado sua vida temporal – frágil, no fundo –, ele pudesse, chegada a noite e estando a terra entregue ao sono, entrar por inteiro, não apenas com sua parte divina, na serenidade eterna.

Durante o dia, ele habitava a terra; à noite, subia de novo ao céu.

E a fim de que essa ascensão da alma tivesse seu símbolo, Jesus amava orar nas montanhas. Com frequência os evangelhos nos dizem isso: "Ele se retirou sozinho para a montanha"; "E foi à montanha orar". Os antigos profetas oravam assim. Desde sempre, os "lugares altos", como a Bíblia os chama, foram tidos como lugares seletos para a alma que busca a intimidade divina. Jesus amava orar assim.

No fim da tarde, quando o próprio céu parece se recolher, trazendo sua luz para si, quando o altivo triunfo do sol se consuma num enternecimento, silencioso e grave, Jesus deixava os seus. Galgava alguma bela colina. Largando a terra e suas preocupações de um dia, sacudindo no mato da vereda a poeira dos caminhos terrestres, subia às regiões estelares. E lá, pouco a pouco imbuída pela paz do alto, sua alma se abria ao céu.

Como um cibório em que o pão consagrado repousa e que o padre ergue com as mãos para oferecer ao Soberano Senhor, assim é com a humanidade de Jesus.

Ele deixava lá, ele esquecia, por assim dizer, os aspectos humanos, visíveis, múltiplos, passageiros de sua obra, e entrava no inefável. Encetava com o Pai aquele colóquio que não foi dado ao homem conceber. Diálogo inaudito, de Deus a Deus, do Infinito ao Imenso, do Criador àquele que é mais que uma criatura, *Daquele que é* àquele que pela graça veio a ser *Aquele que é*! Quem nos dirá o que ocorria no vaivém silencioso dessa oração! No seio da noite que a tudo amplia, da noite que é imensa, da noite que retira dos objetos seus limites precisos e suas formas transitórias para revesti-los de eternidade, e que, assim, como diria Dionísio, o Areopagita, é a imagem mais fiel de Deus, Jesus entrava, por sua vez, nos imensos domínios. Aquela pequena terra já não era nada para ele; sua alma vogava em pleno espaço; ali resplandecia ao infinito, penetrando-o com sua virtude duplamente divina. Como Deus, princípio de tudo; como homem, encarregado de tudo; dando a todos a vida, impelindo os seres nos caminhos misteriosos por onde seguem todas as coisas, fazendo a um só tempo, Deus e homem, obra de Deus e obra de Cristo, ele agia e pedia, oferecia e recebia a grande oferenda universal.

E o obscuro planeta girava sob seus pés, ignorante. E os astros, prosseguindo sua ronda noturna, olhavam-no, como servos atentos em torno de seu senhor. Passeavam sua vagarosa glória em torno do ponto do espaço onde seu Criador se demorava.

*

Avancemos mais – tentemos, ao menos – para dentro da oração do Senhor. Não podemos pretender ir muito fundo, pois precisaríamos ser daqueles que experimentaram divinos êxtases. São Paulo, São João – o homem do terceiro céu, a águia de olhar poderoso e meigo, esses gigantes que, sem deixar fisicamente a terra, viveram por alguns instantes no céu. Como aquelas montanhas cujas raízes mergulham na depressão dos vales e cujo cimo olha ao longe, por cima da crista das colinas, esses poderiam nos dizer algo sobre a oração de Jesus; mas tomaram o cuidado de nos advertir que, sobre esses arcanos do céu, falar não é permitido ao homem! É preciso, ainda assim, que falemos: tentemos analisar, como pudermos, a oração do Senhor. Seus sentimentos respondem a quê? Que ímpetos da alma eles provocam?

O primeiro, sem dúvida alguma, é a adoração.

A adoração é a primeira justiça que Deus requer.

Deus é. Quando Ele se nomeia, prova Seus direitos; pois Ele é o Ser. Sua existência é absoluta, sem limitação, imutável e necessária. Como um centro de mil raios, o ser n'Ele floresce em todas as suas formas. Inteligência, querer, amor, bondade, fecundidade, justiça, poder... – alonguem essa lista ao infinito... – e tudo isso em sua plenitude, e tudo isso na unidade, na simplicidade perfeita, e tudo isso eternamente: eis Deus.

E todos os outros, que possuem um reflexo dessas coisas, só o possuem por meio d'Ele, só o possuem n'Ele, sem que seja possível retirar-Lhe a posse primordial; Ele permanece o senhor disso tudo mais que eles mesmos, sendo assim uma justiça que eles reconheçam diante d'Ele que nada são, e que somente Ele tudo é.

Ora, isso é a adoração.

Adorar é reconhecer o todo do objeto e a nulidade de quem adora. É proclamar que esse objeto tem todas as perfeições, todos os direitos, todo o ser. A adoração é o nada, que desfalece e voluntariamente expira diante do infinito.

E Jesus fazia isso.

Reconhecia que a criatura nada é, nada além de um sopro de uma boca divina. Reconhecia que ele próprio nada é, quanto à humanidade – tão maravilhosa, no entanto – que ele anima. "Por que me chamas bom?", disse ele um dia a um jovem que o chamara de *bom mestre*: "Ninguém é bom, somente Deus". Somente um é grande, igualmente, e o Cristo humano, com toda a sua glória, é apenas um raio escapado de Deus. E, pela adoração, voltava a ascender humildemente à sua fonte.

No interior dessa calma inebriante das noites orientais; sob a cintilação das estrelas, ora débeis ora ardentes como corações de fogo, ou então sob a luz tênue dos luares, que lhe bordavam as vestes brancas com uma auréola, sua humanidade mergulhava em adorações inefáveis. Atraía todas as criaturas, para prosterná-las diante do Soberano Senhor. Essa arte admirável que é a natureza, essa música, essa pintura, essa arquitetura sublime: ele se fazia seu poeta; ela cantava nele a glória de Deus, e seu coração batia o compasso do concerto dos seres. E ele próprio, universo vivo que resumia em si todo o criado, oferecia-se ao céu como o representante de todas as coisas. E foi o mundo restituído a Deus, que o fez nascer. E tendo a alma do mundo haurido da união com o Verbo o poder de uma adoração infinita, o mundo realizou pela primeira vez esta justiça: Deus adorado tanto quanto merece sê-lo.

E como consequência desses direitos que Jesus Cristo reconhecia a seu Pai, direitos soberanos que implicam o soberano domínio, Jesus punha nas mãos d'Ele sua vida pessoal e a vida de sua obra. O Pai tinha Seu plano; o dever de Jesus era segui-lo. E lá, no repouso noturno, ele compunha seus dias. Resolvia cada detalhe deles em união íntima com o Pai. Abraçava com o olhar o campo de batalha, o campo de trabalho, o campo de morte, que devia ser o campo de triunfo. E o coração seguia o olhar, e de antemão ele aceitava tudo, obedecia *até a morte*.

E o futuro? Como ele o encarava? O que dizia a Deus sobre ele? Que peso lhe atribuía em sua oração?

Esse é, talvez, o maior mistério de Cristo!

Pensar nisso é assustador! A obra de Cristo na terra devia ser, em aparência, indigna dele.

Ele viera para elevar o mundo, extraí-lo da tirania do mal, restituí-lo a Deus. Ele o dizia, e as expressões veementes que empregava mostravam bem o ardor de seus desejos: "Eu vim trazer fogo à terra, e como desejaria que já estivesse aceso!". Ora, a terra devia ser gélida para ele. Sua obra imediata, pessoal (poucos cristãos, provavelmente, pensaram sobre isso), devia se deparar com um fracasso.

Seu primeiro ministério em Nazaré, um fracasso: tentam precipitá-lo do alto da montanha. Seu ministério na Galileia, um fracasso: conclui-se numa maldição. Sua morte, por fim, não tem outra razão de ser senão seu fracasso, e pareceu a muitos que a palavra saída de sua boca na cruz: "*Consummatum est*", "Está consumado", era a palavra desalentada de alguém que dizia adeus às esperanças. Isso é uma blasfêmia, com toda certeza; o que é verdadeiro, porém, é que, em sua vida, Jesus conseguiu apenas lançar uma semente. Era o que ele dizia: "O reino dos céus é semelhante a um grão de mostarda, a menor de todas as sementes". Ora, ele queria a grande árvore, e a grande árvore só viria depois de séculos. Quão lentamente! Quão penosamente! E por meio de que emocionantes peripécias! Vejam a história!

Alguns imaginam o Evangelho como um rastro de pólvora. Isso é falso, absolutamente falso! A verdade é que o grão produz seu fruto *na paciência*, como dizia o Salvador.

Leiam São Paulo! Ouçam seus gemidos, ofegantes de esforço e trêmulos de temor! Vejam aquelas pequenas Igrejas que se formam, lentamente, humildemente, e depois se dividem para formar outras.

E, tempos depois, vejam! Houve triunfos, decerto, para a causa de Deus! Triunfos milagrosos, essa é a única palavra que convém. No entanto, o que é milagroso aos olhos dos elementos humanos que para isso concorrem, quão pouco não é diante dos desejos de Cristo!

Os desejos de Cristo! Aquela fornalha! Aquela torrente de fogo que mares imensos não apagariam, o que ela encontrou para devorar que pudesse saciar seus ardores? Ah! Deus! Quão pouca coisa!

Esse reino de Deus ideal, ao qual ele suspirava com todos os poderes de seu ser, jamais existirá! Jamais a vontade do Pai será feita *na terra como no céu*, conforme ele dizia. E essa oração imensa, essa oração de fogo, essa oração de uma envergadura ampla como os espaços, que se chama o *Pater*, nunca deixará de ser para os homens algo além de uma utopia sublime, um ideal para o qual tendemos, mas que não alcançaremos.

E ele, Cristo, deve resignar-se a que isso não aconteça!

Tudo o que ele pode fazer é preencher, com o dom de si, o vazio deixado pelas criaturas; é suprir o que elas não são pelo que ele é, e o que elas não podem pelo que ele pode, e o que elas recusam pelo que ele dá; esse é um dos seus papéis, e se ele prolonga sua oração noite adentro, é em parte para verter no seio do Pai a sobressalência de sua alma, que não se contentava com os resultados humanos de sua obra.

E esse suprimento não se exerce apenas em relação ao bem que é recusado pelo futuro: deve exercer-se igualmente em relação ao bem que ele concederá, mas de maneira tardia. De fato, é de séculos que se trata, uma vez mais! Serão necessários séculos superpostos para edificar a obra divina. E por meio de quantas ruínas! E com que montanhas de detritos!

Ah! É claro! Deus é um estranho trabalhador! Tem procedimentos que desconcertam nossa razão; o certo, porém, é que Ele não tem pressa! Talha os séculos no infinito, e de que Lhe servem as economias?

Vejam o que Ele fez pela Terra. Por meio de que séries assombrosas de transformações não a conduziu, da nebulosa à vida; desde os primeiros frêmitos daquela vida no fundo dos mares até o homem, que chega, depois de milhares de séculos, para colher a herança do passado, como o ceifeiro chega às colheitas maduras.

E depois, vejam a história da humanidade! Que caminhos, meu Deus! Que lentidão de marcha! Desde os povos pastores e nômades até as grandes civilizações orientais, desde aquelas civilizações até o Império Romano, desde o Império Romano até nós, e de nós até a incógnita da história! Tudo isso é a obra de Deus que se faz e, consequentemente, a obra de Cristo, visto que tudo lhe foi entregue nas mãos, visto que é seu *Espírito* que deve renovar a face da terra. Mas que morosidades! Quantas paradas! Quantos choques! Quantos recuos! Que ritmo desesperante! No entanto, embora Deus não tenha pressa, não acreditamos que Jesus homem tenha pressa de ver crescer a honra do Pai? Não acreditamos que Jesus – que em sua oração via de longe esse futuro – suspirava de ardor por ele e o almejava intensamente, e que se consumia em sua espera? E visto que cumpria submeter sua vontade à ordem estabelecida pelo Pai, acreditamos que, ao menos, oferecia seus desejos fervorosos, como sinal de adiantamento da futura realidade.

*

Esse é o principal objeto da oração íntima de Jesus. Ele adorava, e desejava para Deus.

Não desejava também para os homens? E como consequência desse desejo, não pedia?

Não se poderia pôr em dúvida que Jesus, em sua oração, tenha pensado nos seus. Um dia, chamando à parte Simão Pedro, disse-lhe: "Simão, Simão, eis que Satanás pediu insistentemente para te peneirar como trigo; eu, porém, orei por ti, para que tua fé não desfaleça". Decerto Simão não é o único a desfrutar da oração do Senhor. Ele reunia todos os seus em seu coração; todos os seus do presente e todos os seus do futuro e, por conseguinte, todos nós. Seria blasfemar dizer: ele não previu cada um de nós, isso não esteve diante de seu olhar e ele não despendeu a serviço disso alguns dos batimentos de seu coração.

E o que ele pedia, para nós?

Tudo! Tudo! Sem esquecer nem mesmo aquele miserável assunto do pão, ao qual não escapamos, e que não raro nos pressiona. Ele previu isso, e teve piedade, e disse, por nós e conosco: "O pão nosso de cada dia nos dai hoje".

Mas é acima de tudo nossa alma o que o preocupava. E para essa alma, o que ele pedia? Compreendamo-lo olhando para o que somos.

Somos culpados e somos fracos. E, pelo fato de sermos culpados, ele pedia por nosso perdão. E, pelo fato de sermos fracos, ele pedia... o quê? Que a tentação desapareça? Que o mal se afaste de nós e pare de nos atacar? Não, não era isso o que Jesus Cristo pedia. Ele bem sabia que, para cada um de nós, assim como para o mundo, não é bom que a dificuldade se afaste. É na prova que a alma cresce; não na inércia nem na preguiça. Será que o general, se tem pelo soldado algum interesse, se professa por ele alguma estima, deixa-o apodrecendo na administração e nos depósitos? Lança-o na batalha, e só lhe deseja uma coisa: não o repouso, mas a vitória.

Assim é Jesus Cristo.

E mais, será que a vitória é algo que Jesus Cristo sempre pede, para os seus? A vitória definitiva, sim; *pois ele não quer que o pecador pereça*. Mas a vitória imediata, completa, que não comportasse nenhuma deficiência, não. Ele a deseja, evidentemente; tende para ela como para um objetivo desejável; mas pedi-la firmemente, isso seria sair das condições de nossa pobre vida.

Ele bem sabe que nossas melhores virtudes se fundam, por vezes, em nossas misérias.

Ele, que penetra até o âmago das almas, o único diante do qual se iluminam aqueles dédalos obscuros em que nossas vidas entram e se perdem, ele sabe por qual caminho esta ou aquela alma pode trilhar seu percurso. E esse caminho, por vezes, é o caminho das quedas.

Não ousaríamos dizê-lo se grandes gênios e grandes santos não o tivessem dito antes de nós; mas eles o disseram, e alguns depois de ter tido a experiência. Não foi Santo Agostinho, um homem cuja autoridade não se recusa, em semelhante questão, que proferiu estas ousadas palavras: "Para os que amam a Deus, tudo coopera para o bem, mesmo os pecados: *Etiam peccata!*".

A luta é necessária, dizíamos: a derrota também! Será que Jesus Cristo não entregou seus apóstolos à derrota? Aquele a quem ele chamou *Cefas, pedra*, e a quem dissera: "Simão, eu orei por ti, para que tua fé não desfaleça", ele o deixou cair três vezes, e em condições vergonhosas. Pedro manteve a fé, isto é, sua convicção a respeito de Jesus, e sua confiança, e sua afeição, e seu desejo do bem, e aquele amor que velava em seu âmago no momento das quedas; no entanto, ele caiu, e Jesus permitiu isso. Por quê? Porque sabia que, no âmbito do sobrenatural, a primeira potência da alma não é a força, mas a humildade, e a humildade é uma pérola que só é colhida na poeira da derrota. Temos de sentir em nós o irremediável, para que busquemos o remédio em algum lugar, não em nós.

Além disso, quando deixava Simão Pedro cair, Jesus Cristo sabia bem que os futuros ardores de seu apóstolo se alimentariam disso como de sua melhor fonte, e que essa lembrança, amarga, jamais apaziguada, o impeliria para o trabalho e o martírio como a esporada que ensanguenta os flancos faz o cavalo se lançar na batalha.

Basta lembrar a cena, após a Ressurreição: "Pedro, tu me amas?"; "Senhor, tu sabes que te amo!"; "Pedro, tu me amas?"; "Senhor, tu sabes que te amo"; "Pedro, tu me amas?"... E uma torrente de lágrimas jorrou dos olhos do apóstolo. Ele entendeu! Foi das três negações que o Senhor veio relembrá-lo! Oh! Esse pensamento! Como penetra na carne viva da alma e enlouquece de dor! Sim, mas também alcança os recursos profundos, que uma vez destravados erguerão montanhas de sofrimento. E quando o Salvador concluiu, após as três declarações de amor que vêm apagar a tripla vergonha, quando disse estas palavras: "Apascenta minhas ovelhas", que infundiram no arrependimento todos os poderes do perdão, Pedro já estava no caminho de Roma, onde encontraria sua cruz.

Lembremo-nos da oração de Cristo, em nossas tentações e em nossas angústias. Juntemos a ela a nossa, que não lhe aumenta o valor, mas nos põe no estado de espírito necessário para que ela nos favoreça.

Orar, para nós, é também, como Cristo, subir a montanha até as fontes da energia e da paz, da calma e da vida. É a um só tempo fortalecer-nos e defender-nos, abrigar-nos sob o escudo de Deus e retemperar nossa espada para as lutas. E reconhecer que nada somos, mas com Ele tudo podemos. E, quando tivermos feito isso, não temamos. Quanto ao resto, é ao céu que diz respeito.

No dia em que Jesus Cristo, vítima do entusiasmo carnal das multidões que queriam proclamá-lo rei, viu-se forçado a esquivar-se daquelas homenagens indiscretas, retirou-se para a montanha, como de costume. E, enquanto orava, viu, de longe, os seus que lutavam lá embaixo, no lago, contra as ondas. Uma daquelas tempestades súbitas, como são conhecidas no Mar da Galileia, punha os apóstolos em perigo e, naquela aflição, provavelmente pensaram nele. E ele, poderoso e bom, ao terminar a oração, "retornou diretamente", diz o Evangelho. E, porque era preciso ir direto e qualquer atraso teria sido funesto, veio caminhando sobre as águas.

Assim ele faz por seus fiéis.

Depois de ter orado, ele virá; caminhará sobre as águas daquele mar de adversidade que é a nossa vida, ou daquele mar de tempestades que é a nossa alma. Dirá: *Sou eu! Não temas*!. E, como na narrativa evangélica, o barco chegará à margem.

A margem é a paz do coração; é a segurança, após a turbulência ou a derrota; é o recomeço da vida sobre bases melhores. A margem, por fim, é o céu. O céu, último resultado do esforço terrestre; estada de paz definitiva nas alegrias da recompensa; golfo eterno a que Cristo impele nossos navios ao sopro de sua oração, e ao qual o justo aportará.

VI. Jesus e a autoridade judaica

Em sua Carta aos Romanos, São Paulo expressou estas palavras frequentemente citadas, porém muito menos meditadas, seja pelos que governam, seja pelos que obedecem: "não há autoridade que não venha de Deus".

Mesmo os poderes que vêm do homem e que têm por princípio um contrato livremente aceito, ou até, em certos casos, a força, mesmo esses poderes derivam de Deus. Isso porque, no fundo, nenhum homem tem o direito de governar outro. Nós somos livres, e o que a natureza ou a ocasião puderam dar de superior a este ou aquele não confere um direito sobre a pessoa alheia. O que, então, permite que um homem ou um grupo de homens governe? Só pode ser uma espécie de delegação, cujo primeiro princípio é o próprio Deus.

Deus fez o homem social, e, visto que o grupo social não pode subsistir sem vínculo, isto é, sem autoridade, esta funciona pela vontade de Deus, e é a Deus que remonta a homenagem que lhe prestamos.

Sendo assim, Jesus não podia eximir-se de honrar o poder e, na medida em que sua obra o permitia, de submeter-se a ele. Não que ele devesse obediência a alguém; mas devia a todos o exemplo. Esse exemplo, se dizer fosse preciso, tanto nisso como em todas as outras coisas, ele o deu.

Como homem particular, se pudermos nos expressar assim, obedeceu em tudo às leis de seu povo. Quis submeter-se à circuncisão; observava o sábado; pagava o tributo; frequentava a sinagoga, ia a Jerusalém regularmente nos dias de festas.

Em sua ação pública, ao que parece, deveríamos encontrá-lo mais respeitoso ainda do poder, em razão das consequências mais graves que sua conduta então acarretaria.

Particularmente em sua época, era apropriado, por respeito às instituições e aos homens em quem se encarnam, trabalhar em prol da pacificação das almas. A nação judaica vivia uma profunda instabilidade. Incapaz de suportar com paciência o jugo de Roma, que lhe parecia uma profanação, sublevava-se periodicamente nos ímpetos de um chauvinismo que descambava para a loucura furiosa. Ocorriam frequentes motins, abafados no sangue. Como sempre, no entanto, esse sangue, ao regar a raiz dos ódios, fazia-os renascer mais vivos e mais alvoroçados que nunca. Dois mil insurretos haviam sido crucificados, após uma dessas revoltas, bem nas portas da cidade. Um espetáculo pavoroso, que fazia urrar de raiva aqueles patriotas – à sua maneira – chamados de *zelotes*. O resultado, no tocante à pacificação, era, nas almas indômitas, uma espécie de entusiasmo assustador, de exaltação fúnebre permeada por lampejos de sangue.

E por cima de tudo isso, como sempre, havia divisões intestinas: rivalidades sectárias, lutas de influência, invejas concentradas, controvérsias ruidosas, suspeitas, rancores, delações, guerra civil das almas.

Se Jesus amava sua pátria, devia então, ao que parece, agir para estreitar os vínculos que, ao reunir todas as forças em torno da autoridade legítima, podiam armá-la melhor para a defesa do bem comum.

Nas horas de turbulência e de dissensões, quando todos os elementos de um povo se dissociam e se desfazem, deixando-o entregue, como um cadáver, a todos os fermentos de corrupção, o dever é claramente traçado para os patriotas. É preciso, contanto que o governo seja honesto, estreitar fileiras em torno dele, em vez de combatê-lo a pretexto de oposição política ou preferências pessoais. A salvação comum está em perigo; o remédio só pode vir da unidade de ação; ainda que essa ação seja imperfeita, é preciso submeter-se e obedecer.

Ora, Jesus amava sua pátria. Esse sentimento em parte instintivo, em parte refletido chamado patriotismo não lhe era estranho; era apenas, em seu caso, mais elevado e mais perfeito que o nosso. No lugar daquele instinto de fraqueza que em nós vincula o patriotismo, por mais sagrado que seja, a nossa miséria nativa, e nos faz considerar o lar, o solo natal e a pátria de certa forma como refúgios, como, para o pecador na tempestade, o cais tranquilo e, para a criança temerosa e frágil, o seio materno, em vez disso, tudo em Jesus era grande e perfeito; no entanto, ele amava seu povo, e, embora suas concepções ultrapassassem infinitamente nossas ideias de pátria, elas, contudo, as abarcavam, assim como o infinito abarca o átomo: ele sempre teve, como homem, uma predileção especial por aquele solo onde seu Pai o fizera surgir.

E, no entanto, coisa estranha! Quando lemos o Evangelho, vemos Jesus constantemente em luta com o poder. Sua ação em Jerusalém, em particular – aonde retornava periodicamente, por ocasião das festas –, é um conflito perpétuo com as autoridades.

Por quê?

É que, por mais respeitoso da autoridade que ele fosse, e por mais que permanecesse desejoso de manter a paz, Jesus não podia abdicar de sua obra, tampouco esquecer-se dela. O respeito não é uma força, é um limite; serve para não destruir, mas não serve para edificar. Ora, Jesus veio para edificar e desencadear uma força. Se, portanto, encontrava em seu caminho uma resistência, só podia fazer uma coisa, rompê-la, e em todo encontro tinha de preservar, em proveito de sua obra, sua liberdade.

Eis o que precisa ser compreendido, quando se aborda o estudo das relações de Jesus com as autoridades judaicas. Existe uma falsa liberdade que consiste em julgar sem direito, em retomar sem mandato, em condenar sem autoridade; mas não há motivo para temer nada de semelhante da parte daquele que possui todo direito e em quem reside toda sabedoria: sua conduta será sempre prudente; ele saberá mostrar, no entanto, que é o senhor, senhor de suas obras e senhor de si.

Eis precisamente um episódio em que essa atitude se mostra vividamente: ele nos é relatado por São Lucas.

Jesus estava na Galileia, por conseguinte, sob a jurisdição de Herodes. Como pregasse para uma grande multidão de pessoas, fariseus vieram ao seu encontro e, fingindo interesse por sua pessoa, disseram-lhe: "Parte e vai-te daqui, porque Herodes quer te matar".

Ele respondeu: "Ide dizer a essa raposa: eis que eu expulso demônios e realizo curas hoje e amanhã e no terceiro dia terei consumado. Mas hoje, amanhã e depois de amanhã, devo prosseguir o meu caminho, pois não convém que um profeta pereça fora de Jerusalém".

Que palavras! Que majestade tranquila! Que simplicidade! Que soberania! Será que ele é suficientemente livre? Será que se mostra suficientemente soberano?

"Ide dizer a essa raposa": ele o designa por seu nome, aquele velhaco coroado, poltrão e decepador de cabeças! Será que dará coragem aos que, nas horas de insipidez e decrepitude, tendo o direito de falar, tendo também o dever, acreditam servir a Deus encerrando-se num silêncio covarde? Será que informará também sobre os direitos da verdade àqueles que, nessas mesmas horas, pretendem calar a boca dos representantes de Cristo, a pretexto de prudência e caridade? Como se só pudéssemos ser prudentes sendo covardes! Como se só servíssemos à verdade escondendo-a! E como se amássemos nossos irmãos somente na medida em que os abandonamos às artimanhas de seus inimigos e à violência deles!

E o que deve ser dito a Herodes, aquela raposa?

Dizei-lhe: eis que expulso demônios, acabo de curar; faço minha obra hoje, amanhã e depois de amanhã. Então, é a hora do poder das trevas. Saberei sofrer o que será preciso sofrer; até lá, farei o que devo fazer. Depois desses três dias, será a morte, mas a morte que eu quero, e a morte onde eu quero, e onde eu quero não é na tua área, rei da Galileia, mas em Jerusalém.

"Não convém que um profeta pereça fora de Jerusalém." Um soldado deve morrer em seu posto, um operário em seu trabalho, um pastor no meio de seu povo: um profeta deve morrer em Jerusalém. Até lá, porém, sigo meu caminho! Hoje, amanhã e depois de manhã, é comigo. Faço minha obra, apesar de ti; farei minha obra, se necessário, contra ti; não tenho medo, e não permito que tu me ponhas correntes!

Essa é a atitude de Jesus diante do poder. Nenhuma provocação; mas sempre, aconteça o que acontecer, a liberdade.

A bem dizer, Jesus não seria levado a se servir com frequência dessa liberdade em relação a Herodes. Só o encontraria em seu caminho posteriormente, e de passagem. O poder judaico, porém, é outra coisa.

Jesus se situava no terreno religioso; ora, em Jerusalém, a religião e a política tinham um único e mesmo interesse; a Igreja e o Estado se confundiam; por consequência, o sinédrio, os sumos sacerdotes, os fariseus, os escribas tinham necessariamente de intervir. Em que sentido o fariam? Essa era a grande questão; isso porque Jesus, por sua vez, não mudaria nada em sua obra. Eles, porém, podiam aceitá-la, compreendê--la e até contribuir para ela. Será que o fariam?

Sabemos bem a resposta! Não é inútil, contudo, observar-lhes os motivos: mais de um ensinamento se esconde por trás desse estranho drama das relações entre Jesus e as autoridades.

*

No ambiente de que falamos, Jesus tinha contra si duas forças que raramente perdoam os que se contrapõem a elas.

Tinha contra si o passado.

Tinha contra si a paixão.

O passado é uma força. É a raiz de onde saímos, e quanto mais essa raiz se aprofunda no solo, mais ela resiste. Temos o instinto do eterno, do definitivo: é um sinal de nossos destinos; mas isso facilmente se torna uma fraqueza e um temível perigo, porque é difícil desprender-se o suficiente daquilo que, nesse sentimento, sempre existe de mais ou menos egoísta.

Foi o passado que nos fez; é a nós mesmos, de certa forma, o que nele defendemos. Por isso, a luta pelo passado se reveste, nos cérebros estreitos, da aspereza e da cegueira da luta pela vida. Isso pode ser evitado, porém dificilmente, porque é preciso então sair de si mesmo, soltar-se, desprender-se, elevar-se de certa forma acima do tempo, e esse é um exercício que não está ao alcance de todos. Para ser bem-sucedido, é quase uma questão de genialidade, ou então de santidade. Ora, tanto a genialidade como a santidade são coisa rara.

Assim como a onda alta que sobe acima da maré e domina os cimos branquejantes, de tempos em tempos uma cabeça se eleva no oceano humano e olha: é o gênio. Pessoas assim, contudo, se contam rapidamente! O comum é a rotina, e a obstinação nessa rotina. O comum é que os poderes estabelecidos, os corpos constituídos busquem preservar-se, sem se preocupar com outra coisa. O interesse os absorve, as ideias novas os preocupam, qualquer ousadia os apavora; eles preferem olhar para o passado a olhar para o futuro, e, como toda marcha adiante prossegue em meio aos desabamentos e aos detritos do que não consegue viver, é trivial que os representantes do passado se rebelem contra as iniciativas e se interponham diante das renovações.

Ora, Jesus era iniciador num grau que poucos suspeitavam.

Encontrava diante de si o judaísmo, religião inspirada por Deus, mas na qualidade de precursora e, por conseguinte, a título imperfeito, e que, após a vinda do Cristo, já não teria razão de ser. Ele, Cristo, vinha, portanto, consumir sob a chama de sua palavra essa madeira ressequida, inútil a partir daí. Não era isso suficiente para torná-lo suspeito, mesmo para a relativa boa-fé que inicialmente deve ter encontrado?

Nos dias atuais, já não compreendemos a que ponto a doutrina de Jesus era subversiva. Imbuídos como estamos dos princípios cristãos, que há séculos governam o pensamento humano, não suspeitamos quão estranha era sua novidade aos olhos de um judeu do tempo de Tibério.

Sem dúvida, Jesus se apresentava com títulos: por isso, não se trata de inocentar os que ele condena; mas em que termos ele fala? "Se eu não tivesse feito entre eles", diz ele, "as obras que nenhum outro fez, não seriam culpados de pecado; mas eles viram e nos odeiam, a mim e ao Pai". Vê-se assim que o crime dos judeus não é o de haverem considerado estranha, e quase escandalosa, a doutrina de Jesus; é o de não terem buscado verificar seus títulos e terem insistido em ver nele apenas um revolucionário sem mandato.

O fato, porém, é que havia pretexto para oposição, e que esta estava em posição vantajosa.

Ninguém ignora os termos em que Jesus propunha sua lei: Moisés vos disse *isto*; eu, porém, vos digo *aquilo*... Moisés ordenou *isto*, eu, porém, vos ordeno *aquilo*... É possível imaginar? Falar assim a judeus! Erguer-se diante de Moisés e reformar sua lei! Era um sacrilégio, e ao mesmo tempo um crime de lesa-pátria. Isso porque Moisés, para um judeu, era o povo, era a religião, era a política: não se podia tocar em Moisés sem abalar todas essas coisas.

Jesus anunciava a ruína do Templo; ora, o Templo era o povo também, e a religião, e a política. Ele atacava o clero daquela época; ora, o clero era a religião, e a política, e o povo. Ele falava aos gentios. Anunciava a incorporação deles em sua Igreja, e o exclusivismo judaico tinha quinze séculos de idade, fora estabelecido por Deus, e, se já tinha dado o que tinha de dar, e se havia chegado a hora em que, diante do pensamento religioso, já não haveria judeus, nem pagãos, nem gregos, nem bárbaros, mas a humanidade, é preciso reconhecer que essa era uma doutrina singularmente difícil de inculcar naqueles cérebros estreitos e orgulhosos.

E como seria se à estreiteza e ao orgulho se associassem a hipocrisia e o vício! Ora, era esse o caso, entre os poderosos de Jerusalém.

Indagou-se como foi possível que Jesus, "a doçura em pessoa", se tivesse mostrado tão duro para com os doutores e pontífices. Existe na pergunta assim formulada o traço de uma ilusão muito frequente.

Só se quer enxergar em Jesus Cristo o *Cordeiro de Deus*, o ser amável e humilde de coração, o homem das parábolas encantadoras e dos discursos suaves, se não o jovenzinho das imagens pias, com seus cabelos encaracolados, sua barba fina e suas mãos femininas. Jesus Cristo não é exatamente isso. Amável e humilde de coração, isso ele é, e ele o é antes de tudo. Quando necessário, porém, ele é terrível! Apresenta-nos todas as facetas de Deus. Ora, a respeito de Deus foram ditas duas coisas: Ele é o Pai, sob cujos olhos todos os cabelos da nossa cabeça estão contados, e é Aquele de quem Ele próprio disse: "Quão terrível é cair nas mãos do Deus vivo!". Assim como sua misericórdia é garantida ao arrependimento, e sua compaixão, à fraqueza, Ele é de ferro para com o orgulho e a falsidade.

Ora, vejamos quem eram os homens que detinham o poder no tempo de Jesus, então compreenderemos seus rigores.

*

Cabe distinguir duas aristocracias que Jesus devia combater igualmente: *a aristocracia sacerdotal* e *a aristocracia da ciência*.

A primeira, composta em sua maior parte dos *saduceus*, abarcava os sumos sacerdotes, os anciãos, os grandes sacrificadores e os escribas. Isso era o que se chamava *sinédrio*, assembleia que constituía ao mesmo tempo um tribunal, um parlamento e um concílio.

Esses homens, que se chamavam saduceus, isto é, *justos*, eram, no fundo, homens de ganância e de intriga. Traficavam com a devoção sem nenhum constrangimento. É direito do sacerdote, disse São Paulo, viver do altar; mas ai do sacerdote que vive do altar e não trabalha para o altar. Ora, estes se contentavam com as exterioridades fáceis de uma devoção oficial. Numa mescla odiosa de orgulho e baixeza, brutalidade e astúcia, tirania e servilidade, eles oprimiam o povo, esmagavam-no com sua arrogância e seu fausto, e depois se voltavam com subserviência para os lacaios de Roma.

Eram conservadores, isso é óbvio! Mas Deus sabe quanto por vezes se esconde, sob esse título, honroso em si mesmo, de egoísmo feroz e vilania. O conservador daquilo que ele acredita ser o bem e o verdadeiro é estimável; já o conservador do próprio repouso, do próprio bem-estar, da própria situação social, esse é vil e justificadamente desprezado. Não temos o direito de interpor nossos preconceitos à verdade que passa, nossos interesses ao bem que quer caminhar, nossa tola rotina ao progresso de Deus. Isso é um crime para com Deus e para com os homens. É o pecado contra o Espírito Santo, é aquele "que não é perdoado".

Os pontífices eram, portanto, conservadores – dessa maneira. Não é tanto que se importassem com Moisés. Para eles, porém, Moisés era o poder, era a honra, era o lucro, e eles estavam empanturrados disso. Eram os campeões da ordem estabelecida, os guardiães do estado das coisas. Estar em bons termos com os romanos, manter a própria influência sobre o povo, viver à larga e comer do bom e do melhor, isso era tudo para eles. A religião não era seu objetivo, mas seu instrumento. Moisés não era o senhor deles, mas o fornecedor. E, quanto ao Messias, eles nem sonhavam com isso, ou faziam disso uma pura abstração, pouco incômoda; ou então, quando se dignavam a esperá-lo, faziam-no contando transformá-lo em seu homem e dele extrair glória e lucro.

Esse era o partido sacerdotal no tempo de Jesus.

E ao lado dessa aristocracia do sacerdócio, havia a aristocracia da ciência. Doutores, escribas, quase todos *fariseus*, isto é, *separados*, *distintos*, homens de um livro que era o livro de Deus, mas do qual eles fazem um comentário de homens, e de homens estreitos, homens teimosos, homens inchados de orgulho, que olham do alto os que não alcançam a *verdadeira ciência*, como dizem, e nada compreendem dos *caminhos de Deus*.

Para eles, a salvação residia nas múltiplas observâncias, que catalogavam como receitas de boticário. A moral é uma casuística, a religião, um procedimento. Se você ignora a receita, está perdido, e se compra um ovo que foi posto no sábado, o brando Hillel o envia ao inferno para cozê-lo. Já Shammai, é verdade, se mostra indulgente!

Encontramos no Talmude uma curiosa classificação, em parte irônica, em parte séria, que retrata esplendidamente o espírito desses homens.

Existem, diz o texto, sete espécies de fariseus:

O fariseu *sobrecarregado*, que avança com as costas curvadas sob o fardo da lei que tem de suportar em seus ombros.

O fariseu *interesseiro*, que parece pedir dinheiro antes de cumprir um preceito.

O fariseu *de testa ensanguentada*, que anda com os olhos fechados, a pretexto de pudor, e acaba batendo com a cabeça nas paredes.

O fariseu *pretensioso*, cuja veste é ampla e esvoaçante.

O fariseu *empenhado na salvação*, sempre em busca de uma boa obra, e que parece sempre lhe dizer: eis que existe algo a ser feito, e eu o faço.

Por fim, o fariseu *cujo móbil é o temor*, como Jó, e o fariseu *cujo móbil é o amor*, como Abraão.

Este último grupo existia, decerto; pois dele sairiam, logo após a morte de Jesus, eminentes cristãos. São Paulo, por exemplo, que era um fariseu convicto, e José de Arimateia e Nicodemos, provenientes do Sinédrio.

Essas, porém, eram exceções. Tomados em bloco, esses homens se equivaliam e quase nada valiam. Funcionários sacerdotais ou profissionais da ciência, exibiam o mesmo orgulho, o mesmo desprezo pelos humildes; escondiam a mesma avareza e as mesmas impurezas.

Homens altivos, que viviam da virtude alheia e traíam a virtude em seu coração; casuístas manhosos, que impunham às consciências fardos insuportáveis que eles evitavam tocar sequer com a ponta do dedo; *sepulcros caiados*, como os chamava o mestre; rostos de gesso, odiosos à vista; homens a um só tempo melosos e sanguinários: ele os conhecia bem! Dizia-lhes, sob os pórticos de Salomão, mostrando em frente, aos pés do Monte das Oliveiras, as fachadas sepulcrais recém-esculpidas que ainda hoje dominam o Vale do Cedron: Estão vendo essas tumbas? São semelhantes a vós! Por fora, brancas, e, por dentro, cheias de ossos e imundícies. Fizestes bem em ornamentá-las: isso vos cabia! Vossos pais mataram os profetas que jazem ali; vós consumais a obra deles, é natural, sois de fato filhos deles!

Em tais condições, que espécie de relação poderia existir entre Jesus e os príncipes do povo?

Jesus, com sua liberdade; os príncipes do povo, com sua astúcia e suas vergonhas: a conjugação era impossível, e o divórcio, garantido. Não menos garantido era o fato de que, nessa ruptura, os chefes tomariam a iniciativa.

Imaginem, portanto, como ele os incomodava! Já não havia como mentir! Já não havia como enganar a multidão! Esse olhar claro trazia à luz todos os seus sofismas! Essa evidência de verdade, que irrompia em todas as suas palavras, punha logo de seu lado os que haviam sido tão arduamente conquistados! E depois as perfídias, as vantagens injustas, as crueldades, as impudicícias que se abrigavam por trás das muralhas do Templo, que eram regadas com água lustral e se acreditavam purificadas, tudo isso era arrastado para a luz do dia e, ali, esmagado sob o desprezo. Era demais! Eles precisavam se defender a qualquer preço e calar, antes que se tornasse onipotente, aquele rumor que crescia, imperioso, sob os passos do novo profeta.

Assim se explica o estado de alma deles.

E sob o golpe do pavor que os tomou e da inveja que os mordeu, ei-los que se põem em campanha. Nenhum escrúpulo os freará; nenhuma perfídia lhes custará. Buscarão falsas testemunhas; enviarão emissários para tentar surpreender Jesus em suas palavras; serão incansáveis em sutilezas malévolas e perguntas insidiosas; infiltrar-se-ão nas multidões para cochichar mentiras odiosas: É um comilão! Frequenta os pecadores! É o inimigo do nosso povo! Pratica sortilégios e comercia com os demônios! É a guerra infame, amiga das artimanhas e das trevas.

E, diante dessa guerra, o que vocês queriam que Jesus tivesse feito? Evitado o choque? Ele não pode! Para isso, seria preciso entregar o local, renunciar a sua obra e calar a verdade. Será possível? E uma *brandura* que custasse esse preço seria aceitável?

A *brandura* não consiste em nada odiar; consiste menos ainda em tirar partido do mal antes de tentar o remédio. Isso é indiferença, isso é insipidez de alma; é o que atualmente se chama *diletantismo*[1]. Esse *diletantismo* é odioso, pois o mal e o bem, a seus olhos, têm valor igual; pois, em vez daqueles ódios vigorosos de que fala o poeta, há apenas sorrisos finos, que ele distribui a qualquer um. E essa atitude é covarde. É preciso odiar o mal com o mesmo vigor com que se ama o bem.

---

1 *Dilettantisme*: a palavra tem várias acepções em língua francesa; uma delas, conforme consignado no *Trésor de la langue française*, diz respeito ao "modo ou estilo de vida de alguém que não se submete a nenhuma norma intelectual ou espiritual, vivendo ao sabor de sua fantasia e cultivando uma espécie de prazer puramente estético". Ao que parece, essa foi a acepção aqui privilegiada pelo autor. (N. T.)

Ora, Jesus amava o bem. Com toda a veemência de uma alma humana e com a infinitude de uma natureza divina, ele o amava. O que vocês queriam que ele fizesse? Com que olhos poderia ver esses hipócritas, esses homens de lama e ganância, esses pérfidos? O que ele poderia contrapor àquelas maquinações, cujo intuito era nada menos que sufocar sua obra e fechar para os outros, como ele dizia, a porta do reino dos céus, pela qual eles próprios não entravam? Ele só podia fazer uma coisa: desmascará-los, e, se um dia a ocasião fosse propícia, pisar nesse ninho de víboras, correndo o risco de assim encontrar a morte.

Eis a explicação dessas violências que o Evangelho relata. Alguns se escandalizam com elas! O escândalo seria não vê-las ali; de fato, o zelo de sua obra e aquele desejo inefável da salvação dos homens que arde dentro dele devem provocar, em Jesus, tais ímpetos de paixão contra o obstáculo e contra quem o ergue. Embora ele tenha piedade dos que cometem o mal por fraqueza, só pode sentir indignação por aqueles que o defendem, o cultivam, o sistematizam, o exploram. Ele os persegue com seu ódio, a esses, com aquele ódio feito de amor, que faz da galinha a rival da águia e da leoa uma fúria.

Sim, é o amor por seus filhos que o lança naqueles surtos de raiva contra os que dele querem tomá-los. Alma em brasas, de onde saía um fogo devorador, ele, no entanto, acendia seus fogos unicamente no braseiro da caridade. Mas tinha palavras fulminantes! Anátemas que faziam tremer! Entregava-se, em certos dias, a ações de aparência louca. Afugentava de sua frente, com um feixe de cordas, os que traficavam no Templo em proveito dos sacerdotes. Acabrunhava os fariseus, denunciando-os a Deus e aos homens, ameaçando-os com vinganças inomináveis. E esse era o grito daquele amor *forte como a morte* e daquele ciúme *duro como o ferro* de que fala o Cântico. E isso se conclui numa torrente de lágrimas: "Jerusalém, Jerusalém, tu que matas os profetas e apedrejas os que te são enviados, quantas vezes quis eu ajuntar os teus filhos, como a galinha recolhe os seus pintinhos debaixo das asas, e vós não o quisestes!".

Será que Jesus Cristo não cresce com tudo o que ele assim concede à indignação, em proveito da verdade e da justiça?

Seu exemplo foi seguido. E essa é a explicação de muitas crises na história das civilizações cristãs.

Os príncipes dos sacerdotes não morreram. Jesus Cristo, tampouco, morreu; ele sobrevive em sua Igreja. E o choque está sempre pronto para ocorrer, e os motivos são sempre os mesmos.

O poder não é uma escola de virtude. Quando não encontra homens perversos, com frequência se encarrega de pervertê-los. E, como a Igreja tampouco é perfeita, como ela mescla a Cristo, a quem ela representa, um elemento humano e, portanto, falível, a luta não está prestes a terminar; provavelmente preencherá os séculos.

Com que olhos devemos encarar esse conflito? Com olhos de equidade, primeiramente; depois, com o desejo de ajudar, por nossa vez, a boa obra.

É preciso deixar a todos os poderes os seus respectivos domínios; devemos deplorar as usurpações que por vezes ocorreram, em certas épocas, por parte dos representantes da Igreja. Elas ocorreram, e de nada serviria negá-las: seria faltar com a retidão. Viva a verdade, mesmo quando ela nos fere! Acreditamos, porém, que esse não é o fundo do debate entre a Igreja e os poderes. Esses são acidentes humanos que nenhuma instituição evita, e que a embriaguez do poder e suas ilusões explicam até demais. O fundo das coisas está noutro lugar; é o mesmo que nos tempos de Cristo.

Cristo era incômodo para o orgulho e a injustiça dos sumos sacerdotes. A Igreja é incômoda, por sua vez, com seu orgulho, com a soberba independência que exibe. Ela não sabe dobrar os joelhos! Diante de Deus, sim; mas diante dos homens, jamais! Ela não tem papas na língua, aconteça o que acontecer, e mantém, mesmo em meio ao esmorecimento universal dos caracteres, a altiva e nobre atitude do dever.

Ora, isso é incômodo! É exasperante! De fato, não permite que se desfrute em paz dos sucessos injustos. Isso vem perturbar certas combinações que pareciam cômodas, pois esses protestos inoportunos abrem os olhos das almas retas conquistadas a duras penas.

O que ocorre então? Os poderes injustos fazem projetos contra a Igreja, assim como o fazem contra Cristo.

Isso é algo que não mudaremos. É o estado normal da verdade na terra. A verdade é como aqueles cavaleiros errantes que dormiam sob a armadura e pareciam apoiar-se somente em sua lança.

A questão, para nós, é tomar o partido certo, o do Senhor, e cooperar na medida de nossas forças para o triunfo do bem.

VII. Jesus e seus discípulos

Uma palavra parece resumir melhor que qualquer outra as relações de Jesus com seus discípulos. Os homens atribuem a tal palavra um sentido restrito, não raro banal; mas ela assume aqui uma sonoridade plena e uma significação superior: é a *bondade*.

A bondade que prodigaliza seus dons, a bondade que se inclina, a bondade que suporta, a bondade que perdoa, a bondade que coroa todas as coisas com o dom de si mesma: encontramos tudo isso nas relações de Jesus com os seus.

A primeira manifestação dessa bondade – e o primeiro ato das relações de Jesus com seus discípulos – é o *chamado*.

Sabemos em que condições ele ocorre: como que ao acaso, Jesus, no caminho, colhe seus colaboradores.

À beira do Jordão, após o testemunho de João Batista, dois dos ouvintes, pescadores da Galileia que para lá haviam peregrinado, aproximam-se dele. "Que estais procurando?", ele lhes diz; "Mestre, onde moras?" "Vinde". Eles vão até lá, e lá permanecem.

No dia seguinte, vão buscar seus irmãos, Simão e Tiago: "Encontramos o Messias!", e seus irmãos os seguem, conversam com Jesus, e rendem-se.

Um quinto se encontra por perto no momento em que ele se dispõe a partir: "Segue-me", diz-lhe Jesus. E ele o seguiu.

Um pouco adiante, estando ele a caminho da Galileia, encontra Natanael sentado sob a figueira de Caná, e colhe-o.

Depois de chegar a Cafarnaum, quando passava diante da alfândega, vê Mateus, o cobrador de portagem, e chama-o. E assim também com os outros.

Será necessário dizer que todos esses acasos são regidos por visões profundas e por uma vontade soberana? O acaso, em seu nome verdadeiro, chama-se Deus, e especialmente no que tange à obra redentora: tudo é intencional, disposto, adaptado com uma arte divina.

Para indicá-lo claramente, aliás, Jesus dá a alguns de seus discípulos, desde o primeiro encontro, nomes característicos de sua missão. Isso era profetizar, e essa introdução da profecia em vocações tão simples que poderiam ter parecido vocações casuais confere-lhes um toque de eternidade.

Um pouco mais tarde, quando quer constituir definitivamente o grupo apostólico, indicar a cada um seu lugar e seu papel, passa toda uma noite em orações numa montanha; somente pela manhã, descendo para a beira do lago, procede à escolha dos fundamentos de sua Igreja: marca evidente do que há de profundo em seus conselhos.

Eles eram bem pouca coisa, contudo, os discípulos! Exceto por um deles, que parecia ter algum conhecimento – e que conhecimento! –, eram todos gente do povo, sem autoridade, sem cultura. Não eram nada e, do Senhor apenas, receberiam tudo. Mas como era rico quem os adotava! E, desde o primeiro dia, enriquece-os abrindo o futuro diante deles.

O futuro! Como será que se apresentava aos olhos dos apóstolos? Que imagem faziam dele? Seria temerário arriscar aqui uma resposta; parece evidente, no entanto, que não tinham uma ideia muito nítida de seu futuro papel. Foram iniciados pouco a pouco e entraram na carreira somente passo a passo. Que importa? Todas as riquezas de amanhã não estavam contidas no chamado obscuro de hoje, assim como a planta inteira já está potencialmente contida em sua semente? E não haveria razões para pensar que, se eles houvessem sabido até onde suas ambições poderiam estender-se, aqueles frágeis homens teriam ficado confundidos com a desproporção entre suas pessoas e esse futuro?

Ser os fundamentos da Igreja; cooperar com uma parte admirável para aquilo que constitui o todo do universo, visto que é a salvação; abrir a marcha das nações, que farão cortejo ao longo dos séculos, parando apenas no limiar da Eternidade: esse era o destino deles. Não sabiam isso, mas sabiam uma coisa, que já devia preenchê-los de gratidão. Sabiam que deviam *dar frutos*; essa era a imagem que o Senhor empregava de bom grado. Ora, haveria no mundo um dom mais nobre que o dessa fecundidade?

Se o Criador só nos houvesse dado o nosso ser, diz São Tomás de Aquino, teria reservado apenas para si mesmo o que possuía de melhor. No entanto, tratou melhor suas criaturas. Deu-lhes ser e comunicar o ser, viver e fazer viver, agir e tornar-se princípio do agir: por isso, a fecundidade da vida, em todos os âmbitos, é algo divino. Por isso, quem a rejeita é insensato e, ao mesmo tempo, culpado; por isso, os profanadores daqueles vínculos sagrados que unem a alma e o corpo, os que ousam fazer desse canteiro da obra de Deus, desse viveiro da Eternidade denominado casamento cristão, um comércio egoísta e vergonhoso, esses irritam o céu e merecem o desprezo dos homens. Também por isso, o homem que pode produzir pelo espírito ou pelas mãos, ser útil a seus irmãos, exercer uma ação benéfica sobre o destino de uma família, de um grupo, de uma nação, e retrai-se numa abstenção preguiçosa, esse é um covarde. Por isso, por fim, aquele a quem Deus chama, como os discípulos, para a fecundidade espiritual, para a comunicação e o desenvolvimento dos dons divinos, esse jamais terá voz suficiente para bendizer o Senhor, energia suficiente para fazer-se digno disso.

Cabia a Jesus fazer com que os seus apreciassem isso. "Não fostes vós que me escolhestes", dizia-lhes com frequência, "fui eu que vos escolhi!" Não vão acreditar que, ao vir a mim, vocês tenham o mérito e me proporcionem o benefício: nessa troca, vocês é que recebem, eu é que dou. Eu os tomei e, ao tomá-los, eu lhes dou; vocês se entregaram a mim, e o fato de pertencer a mim os engrandece. Vocês são o canal pelo qual se verterá a vida que eu trago. Derramando-se no mundo, vocês serão como os rios que transportam a vida através das planícies; como as nuvens que vão, levando a fecundidade em seus flancos. Vocês são os ramos principais da grande árvore cujo tronco sou eu; a seiva divina sobe por ela e se difunde incessantemente, e assim a fé do mundo ficará suspensa a vocês como a rica folhagem aos ramos do carvalho.

Esse era o sentido do chamado tão simples dirigido aos discípulos. Daí se devia esperar que esse dom – bondade primordial que não é precedida por mérito algum – fosse seguido, no entanto, de todas as consequências que ele comporta.

A primeira dessas consequências é a intimidade.

*

À primeira vista, é difícil não achar algo estranho, quase chocante, nessa intimidade do Senhor com os discípulos.

Jesus Cristo é o homem de todos; parece que não deveria pertencer de modo especial a ninguém. Permanecer solitário em sua própria vida, isso seria dominar de uma altura maior a obra a ser feita.

Jesus Cristo é Deus. Desse ponto de vista, a intimidade não parece apenas não convir: parece absurda. Que intimidade pode existir entre Deus e os homens?

A intimidade é a igualdade: a igualdade estabelecida, e até nativa. É a mescla das vidas; é a fraternidade dos corações; é a transparência mútua consentida; é a passagem de nível de alma a alma; é a comunhão de pensamentos, desejos, preocupações, amores, com a liberdade recíproca e integral de julgar um ao outro e conhecer um ao outro, a qualquer momento e até as profundezas. A partir daí, que intimidade pode haver entre Jesus Cristo e seres humanos? Os homens são tão pequenos, tão frágeis, tão incompreensivos, tão vazios! E ele é tão superior, tão fora do mundo e fora da vida!

Não faz parte do destino dos grandes seres viver sós e não permitir a ninguém penetrar aquele espaço reservado da alma a que se chama intimidade? Não foram poucos os gênios que tiveram amigos; isso só é verdadeiro, porém, para os gênios fáceis. Os transcendentes, os deuses humanos, os homens assombrosos, como Michelangelo, Shakespeare, Beethoven, Dante e, mesmo acima deles, os homens sagrados, como Isaías e Moisés, não tinham amigos. Tinham confidentes; tinham protegidos, satélites de sua glória, auxiliares de sua obra, servidores de coração devotado até a paixão – intimidade propriamente dita, porém, não. Tinham a alma demasiado elevada, a atmosfera irrespirável para os seres humanos. Eram como que marcados por um sinal, assombroso e sagrado.

Quão maior que todos eles, o divino Senhor! Nenhuma alma humana poderia aqui ser comparável, nem pensamento algum fazer-se rival ou sequer longínquo imitador de seu pensamento. Quem pode se vangloriar de ser-lhe sequer inferior, sem ser injurioso e absurdo? Ser inferior ainda é comparar-se e, com ele, não há comparação possível. Seu nível? O infinito! Sua envergadura? A imensidão! Suas preocupações? As de Deus! Quem entrará em sua intimidade? Quem poderá viver nessa atmosfera e vislumbrar esses horizontes sem empalidecer? Ninguém!

Tudo isso é verdade; existe aqui outra coisa, porém, além da grandeza. Existe a divina condescendência, que cria ao lado do Jesus imenso um Jesus rebaixado e como que do nosso tamanho, um Jesus "que se deixa manejar", como diz um grande homem, e que sabe ser grande, e muito grande, sem fazer-nos sentir que somos pequenos. É esse que se mostra no Evangelho.

Uma tradição afirma que o Salvador atenuava o brilho de seus olhos, cujo poder demasiado grande se adaptaria mal às relações da vida quotidiana. O certo é que ele atenuava o brilho de sua alma, e que sabia, quando queria, mostrar-se em pé de igualdade com as outras almas, como um amigo divinamente sedutor.

Assim fazia com seus discípulos. Punha-se no nível deles; oferecia uma base para as simpatias, para as comunicações íntimas, para as conversas amicais, para as ternuras confiantes, para certa jovialidade discreta, cujo encanto por vezes transparece no Evangelho.

Quando o divino Mestre vai multiplicar os pães, nas encostas que dominam o Lago, vê Filipe perto de si e, conhecendo-lhe a ingenuidade – de que dera mais de uma prova –, diz-lhe, provavelmente num tom de gentil jovialidade: "Filipe, onde compraremos pão para que toda essa gente coma?". Falava assim para ver o que ele diria, observa o evangelista. E Filipe cai na armadilha: "Duzentos denários de pão não seriam suficientes", exclama, "para que cada um recebesse um pedaço!". Esse traço íntimo mostra a afabilidade que reinava nas relações de Jesus com seus discípulos.

E notem o matiz delicado disso tudo. Não se trata de riso: o riso é pesado, próximo da matéria; não raro contém um elemento de orgulho e maldade; em todo caso, indica um autodomínio imperfeito, visto que em geral é-nos arrebatado fora do nosso controle e da nossa vontade: trata-se do sorriso, o sorriso benévolo, nobre, próximo do espírito, moderado, como tudo deve ser numa natureza superlativa como a do Senhor.

Habitualmente, o tom de Jesus para com os seus é de uma gravidade amável, cheia de simplicidade e nobreza. Ele os chama "amigos", "filhos", "criancinhas", "pequeno rebanho". Explica-lhes à parte o que ensinou à multidão. "A vós", diz ele, "é dado ouvir os mistérios do reino dos Céus, o que digo aos outros em parábolas." Com frequência, ele os chama à parte para conversar com eles, a sós. Nos caminhos, entre uma cidade e outra, os instrui e consola. Cuida deles como uma mãe vigilante, convidando-os a descansar quando o tempo de estrada foi longo, abençoando-lhes o sono enquanto ele próprio vai orar.

Ou então, no meio do dia, quando o calor se torna forte demais e o sol do Oriente, terrível, por vezes homicida, dardeja nos caminhos suas claridades ofuscantes, ele os faz parar sob alguma árvore ou em uma das grutas que encontramos sob as rochas da Judeia, e lá, num círculo à sua volta, eles o escutam. E sua palavra é vertida, seus ensinamentos se multiplicam, suas confidências se prolongam, as horas decorrem, suaves e frutíferas, enquanto não chega o trabalho duro, e os discípulos se sentem pouco a pouco invadidos por aquele amor cuja única medida dada por ele é aquela usada pelo próprio Pai celeste. "Assim como meu pai me amou", diz ele, "eu vos amo." "Quem vos escuta, escuta a mim; quem vos despreza, despreza a mim; quem vos recebe, recebe a mim." "Em verdade vos digo, Sodoma e Gomorra serão tratadas menos rigorosamente que a cidade que vos houver rejeitado."

Por vezes, seu coração cheio demais se rompe em explosões de ternura, não uma ternura frouxa, em que os sentidos capturam o espírito, mas a ternura generosa, tal como a compreendem os corações verdadeiramente grandes.

Um dia, ele falava à multidão na presença dos fariseus, e sua palavra era veemente, e os discípulos, como de costume, estavam em torno dele; e eis que, no meio de seu pronunciamento, "chegaram seus irmãos e sua mãe", diz o evangelista. E, como alguém o advertiu, dizendo: "sua mãe e seus irmãos procuram falar-lhe", ele, inteiro no que dizia e com alma plena de intensa emoção, exclamou: "Quem é minha mãe e quem são meus irmãos?". E, apontando com a mão para os discípulos, e olhando-os um a um com ternura, indicou: "Aqui estão a minha mãe e os meus irmãos, porque aquele que fizer a vontade de meu Pai que está nos céus, esse é meu irmão, irmã e mãe". Sublime gradação de ternura, que, de uma união plena de força, passa a outra plena de encanto, para mesclar uma e outra naquele oceano chamado coração materno.

Esse é o rosto que nos agrada ver no divino Mestre! Tomamos nossa parte dessas sublimes efusões, todos nós a quem ele chama igualmente para aquela intimidade que ele concedeu, na terra, aos discípulos. Nós também somos seus amigos, seus irmãos. A nós também, ele diz: "Assim como meu Pai me amou, eu vos amo". Pelo dom da graça que ele nos faz, é uma sociedade verdadeira a que contraímos com ele. Podemos chamá-lo nosso amigo, nosso outro nós-mesmos, sem faltar-lhe com o respeito, sem fazer outra coisa senão responder ao mais caro desejo de seu coração. Podemos conversar em espírito com ele, zelar por seus interesses, indagar seus mistérios, preocupar-nos com o cuidado de sua glória. Temos direito de cidadania no céu, que hoje é seu reino, e que é o nosso por ele. "Nossa vida está no céu", diz São Paulo: *"Conversatio nostra in cœlis"*.

*

A bondade de Jesus pelos seus se manifesta, como dissemos, pela vocação que ele lhes dá, pela intimidade em que os introduz. Manifesta-se também em sua paciência.

A paciência! Quão necessária ela era, com esses homens! Ignorantes, grosseiros, cheios de defeitos, como todos nós! Cheios de boa vontade também, mas fracos, cegos num grau inaudito! Tão logo o tom se eleva um pouco nas palavras proferidas pelo Senhor, eles já não compreendem, ou rapidamente esquecem, e voltam a seu comportamento natural, ou melhor, ao natural puro e simples, e sabemos o que é o natural nos homens!

Ele lhes prega a humildade, e incessantemente eles disputam os primeiros lugares; a caridade, e eles querem invocar o fogo do céu sobre as cidades. Ele se esfalfa para fazê-los compreender o que está realizando, o caráter espiritual de sua obra, contrariamente ao que os judeus esperavam de seu Messias, e eles se obstinam no preconceito de seus compatriotas.

"Meu reino não é deste mundo", ele lhes diz sem cessar. "O reino de Deus está em vós." "Não busqueis o que perece, mas o que permanece para a vida eterna." Eis as palavras que retornam incessantemente a seus lábios; e ressoam nos ouvidos deles, mas deslizam-lhes pela alma, como a semente sobre uma pedra, e eles teimam nesta pergunta: "Quando então vais restabelecer o reino de Israel?".

Quando ele os instrui a respeito de si mesmo, do futuro que o aguarda: a cruz, não o império carnal que eles reivindicam, suas confidências, em vez de esclarecê-los, oprimem-nos. Eles estão lá, atentos, confiantes, mas acometidos de inconsciência, como num sonho. "Eles não compreenderam o que ele lhes dizia." "Seus olhos estavam fechados." "Eles estavam estupefatos..." Essas expressões reaparecem a todo instante na pena dos evangelistas.

Depois de algumas revelações particularmente perturbadoras, o coração deles é tão abalado que se subleva como num movimento de revolta.

Não esqueçamos esse traço, bem característico do estado de alma deles, e do qual convinha que Simão Pedro fosse o herói, o chefe que dava a medida do grupo.

Foi em Cesareia de Filipe. Jesus anunciou a Paixão, e como teria de sofrer muito da parte dos anciãos, dos grandes sacrificadores e dos escribas, e ser executado. E Pedro ousa desmenti-lo! Toma-o à parte, o audacioso, e, levando-o alguns passos no caminho, põe-se a repreendê-lo, diz o Evangelho: "Deus não o permita, Senhor! Isso jamais te acontecerá!". "*Absit hoc a te, Domine.* Afugenta isso, Senhor!" E Jesus, severo, desta vez – e tinha de sê-lo –, volta-se para ele com indignação: "Afasta-te de mim, Satanás! Tu me serves de pedra de tropeço, porque não pensas as coisas de Deus, mas as dos homens!".

Pobre São Pedro! Teve de voltar ao grupo, um pouco envergonhado; mas sabia bem de que coração partiam tais palavras.

De resto, tais extremos eram raros. Habitualmente, Jesus não adotava esse tom com os discípulos. Era paciente. Em relação a todas as suas misérias, tinha inesgotáveis condescendências, compaixões, tolerâncias e indulgências maternas. Mesmo a loucura deles não alterava em nada as sensibilidades sublimes e as ternuras que lhes demonstrava.

Vejam este relato, que é o corretivo necessário do outro, e talvez um dos mais encantadores do Evangelho, que contém tantos outros e tão belos.

Jesus está sozinho. Os discípulos estão reunidos a alguma distância. Provavelmente se haviam entregado a uma daquelas discussões sobre a hierarquia entre eles, como não raro ocorria, e que demonstravam a fragilidade desses homens e a fragilidade do homem. Ei-los que se aproximam e fazem ao Senhor esta pergunta: "Mestre, qual de nós é o maior no reino dos céus?".

Como única resposta, Jesus chama uma criança que se encontrava por perto: posiciona-a no meio deles e, depois de havê-la beijado com carinho, diz-lhes: "Em verdade vos digo, aquele que se tornar pequenino como esta criança, esse será o maior no reino dos céus".

Quadro gracioso, digno desse Filho de Deus *cheio de graça e de verdade* de que fala o apóstolo, e que mostra tão bem sua indulgência!

Isso porque, é preciso reconhecer, havia algo de vexaminoso, quase odioso, nessas perpétuas reivindicações de homens que haviam recebido tudo e disputavam entre si o papel principal. Ele sentia isso melhor que ninguém; mas eles eram seus filhos, afinal; eram o rebanho pelo qual daria sua vida, e ele os suportava, os poupava e, como não podia mudá-los de imediato, *aguardava*.

Aguardar! Quantas vezes Deus não tem de aguardar, em relação ao homem! Diante de nosso orgulho louco, de nossa caridade nula, de nosso egoísmo ultrajante para Aquele de quem recebemos tudo, daquela ganância com que nos lançamos sobre tudo o que nos lisonjeia, seja qual for o dever, independentemente do que possa pensar Deus, que pede que nos esqueçamos um pouco por Ele, como Ele se esqueceu de Si Mesmo por nós, e como espera um dia esquecer-se de Si Mesmo em nós: quantas vezes não teríamos esgotado a mais longânime paciência!

E Deus aguarda: mantém-se à porta, como diz, e bate. Resigna-se com nossos atrasos; espera para nos dizer amanhã o que nos recusamos a ouvir hoje, e, diante de nossas friezas e nossas resistências, continua a irradiar Sua graça, como o sol que resplandece, majestoso e tranquilo, sobre os polos glaciais.

Assim procede Jesus com os discípulos. É por influência que ele age, não por reprimenda. Ele sabe que Deus tem Seus tempos, que o homem tem seus tempos também, e, em vez de recriminar, aguarda; instrui e espera até que isso penetre. Os seus estão lá, sob seu olhar, e ele espera encontrar uma brecha nesses corações que gravitam diante dele. Então, entra e lança o ataque; por vezes triunfa, por vezes fracassa; sempre, porém, e em toda parte, ele ama!

Transponham isso à Paixão! Àqueles dias sombrios em que a alma do Salvador, rejeitada por fora de todos os lados, parece concentrar-se em si mesma e levar seus sentimentos ao paroxismo. Como ela irrompe, então, a divina paciência, em meio a ternuras inauditas!

Oh! Aquela fala à noite, na véspera de sua morte, na sala do andar superior em que a Páscoa se conclui, sob os lampejos indecisos dos lampiões que fazem tremeluzir as sombras, como o perigo que se aproxima faz tremer os corações! E as profecias aterradoras que se sucedem! E as consolações que se multiplicam, em efusões que somente o discípulo amado ousou traduzir! E, por cima de tudo isso, aquele sentimento, que é o de uma mãe! O desejo de consolar antecipadamente pela conduta covarde que eles terão no dia seguinte; de desculpá-los pelo que farão com ele; de prevenir, maternalmente, interpondo sua ternura, a vinda do remorso no coração deles. Que quadro!

"Filhinhos", disse-lhes, "por pouco tempo ainda estou convosco. Vós me procurareis e, como eu havia dito aos judeus, para onde eu vou vós não podeis ir." E Simão Pedro exclamou: "Senhor, por que não posso seguir-te? Darei a minha vida por ti". "Darás a tua vida por mim? Em verdade, em verdade te digo: o galo não cantará sem que me renegues três vezes." "Não se perturbe o vosso coração. Acreditai em Deus e acreditai também em mim."

E um pouco depois, vendo-os compenetrados e ardorosos, sob o fluxo vertiginoso de sua ternura, e como expressassem sua fé com arrebatamento, disse-lhes: "Credes agora? Eis que chega a hora, e ela chegou, em que vos dispersareis cada um para o seu lado, e me deixareis sozinho. Mas eu não estou só, porque o Pai está comigo. Eu vos disse tais coisas para terdes paz em mim".

Oh! O admirável coração!

Como a mãe que, na partida do pródigo, só quer ver o perigo corrido por ele, que, ao vê-lo ir-se embora com altivez de alma, calcula unicamente a perda que, ao partir o coração dela, ele mesmo sofrerá, assim é Jesus.

Os discípulos não são altivos; mas como são horrivelmente fracos! E ele, bom e paciente, pensa apenas no desânimo que pode se apoderar deles, depois da queda, e previne-os: Que o coração de vocês não se perturbe! Quando essas coisas acontecerem, lembrem-se de que eu as havia dito a vocês, e que ao dizê-las meu coração inteiro se derramava nos seus, e ao invés de arriar, oprimidos pela queda, levantem-se, confiantes em mim.

Aí reconhecemos o coração do Senhor!

Mas o que poderíamos dizer a respeito se nomeássemos Judas!

Judas, um dos doze eleitos, um daqueles sobre os quais ele dissera: "Não vos chamo servos, mas chamo-vos amigos"; era ele – o infeliz! – que viria a entregar seu mestre! Por trinta moedas de prata! E Jesus sabia disso! E durante três anos o viu ali, entre seus íntimos, e tratou-o como aos outros, chamando-o aos mesmos destinos, envolvendo-o com os mesmos cuidados. Nada jamais fez com que alguém suspeitasse – exceto João, talvez, em quem o amor penetrante parece haver adivinhado o traidor – que ele sabia *a quem havia escolhido*, como ele dizia.

Dava-lhe até uma marca especial de confiança: era ele quem carregava o dinheiro da pequena tropa apostólica. E já se mostrava avaro. E João o percebia muito bem! Jesus, por sua vez, fechava os olhos, deixando o tempo e sua graça agirem. E diante desse coração, que pouco a pouco se fechava, ele abria seus tesouros de indulgência, e prodigalizava o perdão, essa coisa tão rara e preciosa que os homens quase sempre hesitam em concedê-lo.

Quão misteriosa, essa atitude de Jesus diante do traidor! Nada, talvez, nos permita sondar mais profundamente esse coração que a análise do que ele devia então sentir, em cada contato!

Ele quis experimentar, longamente, e em silêncio, aquela dor régia da traição, da traição pelo ser íntimo, pelo ser completamente satisfeito. Ele o satisfazia, mesmo sabendo que ele seria um monstro! Falava-lhe com bondade, tendo sob os olhos seu homicida! Lava-lhe os pés, na noite de quinta-feira, quando já se sabia vendido! E, no jardim de Getsêmani, quando o infeliz rompeu o dique que ainda retinha a torrente dos ódios, das iniquidades e das torturas, como única vingança depois do beijo infame, Jesus só encontra estas palavras: "Amigo, para que estás aqui?". De novo lhe atribui esse nome de *amigo*, que talvez não tivesse usado para ele, na ceia. Quer que ele saiba que tem direito a esse nome, como num último esforço das paciências de Deus.

Se o caráter sublime da bondade reside em algum lugar, é nisso, e esse último traço nos abre um horizonte mais amplo sobre os sentimentos de Jesus em relação aos doze. De fato, esse coração revelado por Judas estava-lhes aberto a todos. Desse abismo de ternura, todos eles haviam haurido, dessedentando-se nessa fonte sem muita consciência disso, mas ainda assim de modo muito real.

E, como se não fosse suficiente, Jesus, depois de haver deixado os seus, quis dar-lhes uma última garantia de sua bondade.

Ele os havia chamado a uma vocação sublime. Havia-os admitido a uma intimidade desconcertante. Havia suportado tudo da parte deles, sem deixar que o amor se alterasse. Pelo dom de seu Espírito, iria ainda completar e, ao que parece, consumar a obra inaudita que realizara naqueles homens.

Seu coração não se contentou com isso em absoluto.

Para coroar o todo, para tornar-lhes mais bela a vocação, para consumar a intimidade na semelhança perfeita, para retirar até o último grão de poeira daquilo que sua paciência tivera de suportar, para acrescentar ao diadema deles, por fim, uma última joia, à felicidade deles uma última garantia, à sua ternura um supremo dom: deu-lhes... o que se dá quando se é onipotente e quando se ama.

Deu-lhes que morressem por Ele.

*

VIII. Jesus e a natureza

Atualmente damos grande atenção às nossas relações com a natureza. Os vínculos do homem com o solo que o sustém – do qual de certa maneira ele proveio e ainda extrai sua vida a cada dia até que para ele retorne – foram mais destacados que nunca. Isso é uma conquista.

Infelizmente, porém, o exagero está sempre no fim dos nossos pensamentos e, com a ajuda de algum sectarismo – e sob pretexto de que a natureza age em nós –, acabamos por torná-la responsável por tudo o que somos, desconsiderando o papel da vontade, e desconsiderando também – algo de que dependemos ainda mais – o papel maior de Deus.

Quanto a Jesus Cristo, os que teimam em ver nele apenas um homem são naturalmente levados a aplicar-lhe esse sistema.

Nós os vemos entregarem-se a descrições complacentes: de um lado, da Palestina, de outro, da pessoa moral de Jesus, e concluírem:

disto deve resultar aquilo. Esquecem-se de dizer por que essa Galileia, de onde proveio o *amável mestre*, era precisamente a mais turbulenta das províncias, e por que as margens do lago em Tiberíades viram nascer ora o *Sermão na montanha*, ora as mais estreitas, as mais sombrias, as mais odiosas elucubrações rabínicas.

Não insistamos nesse ponto de vista; colhamos, em vez disso, o que há de verdadeiro nas relações de Jesus com a natureza; vejamos o que ele lhe deve, e de que forma lhe devolve.

I

Já notamos, a propósito da pessoa de Jesus e de sua prédica, o que convém atribuir à natureza, seja na formação de sua humanidade, seja, por uma consequência fácil de compreender, nas manifestações desta última.

A natureza não fez Jesus; mas contribuiu para fazê-lo. Ele procede de Deus, como pai; mas tem Maria por mãe, e por Maria ele é filho de uma raça, e por essa raça ele é filho da terra, filho de um clima, de uma atmosfera especial que deve ter influenciado sua humanidade, exceto por um milagre que não teria razão alguma para ocorrer.

Sem dúvida, tais influências não devem ser exageradas; Jesus é antes de tudo o que ele quis ser e o que cumpria que fosse para responder à universalidade de sua missão; no entanto, não havia razão para que não quisesse ser de sua raça e de seu solo. Assim como a planta, que por si mesma tem sua espécie e, no entanto, requer algo do terreno, cuja natureza particular sobe e se desenvolve em forma, cor, perfume, sabor, assim é com Jesus. Ele deriva tudo de si mesmo, de certa maneira, visto que nada nele é não intencional; mas deriva também da natureza, e já reconhecemos elementos derivados da raça e de influências naturais até em sua prédica. Por mais universalista que fosse esta última, dizíamos, e embora ela se dirigisse, acima de seu magro auditório, a todas as nações e a todos os séculos, continha, no entanto, aquilo que poderíamos chamar, no sentido etimológico da palavra, sua *originalidade*, isto é, seu selo de origem, seu sabor particular, seu gosto regional, se me permitem essa expressão. Por quê? Porque a palavra reflete todo o homem, e porque o homem sempre reflete mais ou menos seu meio.

O pensamento não sai da nossa inteligência tal e qual. De passagem, toma emprestado da imaginação, que, por sua vez, haure seus recursos em parte na hereditariedade da qual procede, e em parte no meio ambiente em que se alimenta. A imaginação é como um reservatório, mas um reservatório vivo, que à sua maneira se apropria – armazenando-as – das cores, formas, impressões e lembranças, nutrindo com elas nossos pensamentos, quando estes eclodem do espírito.

Esse trabalho se realizava em Jesus como em qualquer um. Mas nele era julgado, controlado e ordenado, diferentemente do que ocorre em nós: no entanto, ocorria nele também. Todas essas impressões de natureza tinham, por conseguinte, seu emprego; eram para ele, como para nós, sempre na medida de sua vontade, o leite do espírito, que influencia suas manifestações exteriores, como o leite material influencia a vida do corpo.

O que se segue daí em relação aos sentimentos de Jesus pela natureza?

Segue-se que ele era mais apto que qualquer um para compreendê-la e, compreendendo-a, para amá-la.

De fato, o que nos faz amar a natureza é, de um lado, o senso da beleza que nela descobrimos. Ademais, uma secreta harmonia entre o que ela é e o que nós somos. Ela nos fez, no sentido em que acabamos de dizer; nossas potências provieram de suas potências e sofrem sua influência em todos os instantes. Por consequência, admirar a natureza, amar a natureza é voltar à própria origem, e nós o fazemos com simpatia ainda maior quanto mais recebemos dela.

Isso significa dizer que, em Jesus, o senso da natureza devia ser sublime, e que sua humanidade aí encontrou não só um caminho a mais para ir a seu Pai, mas também a fonte de fruições delicadas e muito intensas.

Aliás, é prazeroso constatar que Jesus estava bem posicionado para apreciar a natureza.

O ponto da terra em que o céu se havia abaixado era um dos mais belos e mais ricos do globo. Nenhuma pátria fora mais amada, e embora houvesse múltiplas razões para esse amor e não apenas motivos puramente estéticos para que os profetas proclamassem seus brados apaixonados e esplêndidos – "Que os que te amam, Ó Sião, sejam como o sol quando ele se levanta em sua força" –, o senso da beleza tinha ampla participação nesse entusiasmo. *Terra prometida* não era uma vã designação; a *Terra que mana leite e mel* não era um engodo. Todo israelita sentia orgulho de sua bela pátria.

Ora, na época de Jesus, ela estava em pleno desenvolvimento e em plena potência.

Não era, como o Bósforo ou como as ilhas da Grécia, uma natureza inebriante, de voluptuosa languidez; era uma beleza ampla e sã, com um matiz de melancolia.

É que o sol do Oriente, associado ao relevo surpreendente da Palestina e ao regime das águas que o regavam, fazia desse pequeno recanto a terra abençoada por excelência.

Nessas regiões, desde a chegada da primavera o calor impera, a natureza trabalha; em torno da menor poça d'água, todo um paraíso verdejante desabrocha. Ora, o Jordão atravessava a Palestina de uma ponta a outra. Fontes numerosas, cuidadosamente canalizadas, distribuíam suas águas pelo país inteiro, e produtos de toda espécie recompensavam o trabalho do homem.

No fundo do grande vale que se aprofunda do norte ao sul, como um rastro de arado; desde as margens do lago, situado duzentos metros acima do Mediterrâneo, até o Mar Morto, 450 metros abaixo; à direita e à esquerda do Jordão, ao abrigo da surpresa dos ventos, o país tinha o aspecto e a vegetação dos trópicos.

Todas as estações ali disputavam a posse da terra, como diz Josefo. As palmeiras se desenvolviam em múltiplos pequenos bosques; os bálsamos de Salomão preenchiam-na de perfumes; os pomares de essências preciosas, que águas abundantes regalavam, faziam de Jericó em particular um lugar célebre em toda a terra; casas e palácios ali se apinhavam sob a glória das palmas, constelando de brancuras a planície verdejante.

E acima, na encosta das colinas e nos planaltos ondulados que as coroam, uma zona temperada se estendia, ela também abundantemente gratificada, visto que amadurecia mais duas colheitas.

Essas eram a Galileia, a Samaria e a Pereia ocidental.

A bem dizer, o país de Judá, a Judeia propriamente dita, não tinha fecundidade nem charme. Parece que Deus quis estabelecer uma diferença entre a região que ouviu a *Boa Nova* e a cidade deicida que quis sufocar sua voz.

A região era montanhosa, a água, uma raridade; em toda parte, as rochas perfuravam o solo e só eram recobertas aqui e ali de uma camada leve, como se o país só tivesse pele e ossos. E seu aspecto estava mais para triste. Quase se diria, ao ver Jerusalém no centro daquelas ondulações acinzentadas, que a enorme massa do Monte Moriá e das muralhas do Templo, ao cair do céu sobre a planície, como num mar plúmbeo, haviam provocado tais soerguimentos, que ondeavam em toda a volta, como vagas.

O Cântico dos Cânticos emprega uma expressão que transmite maravilhosamente esse caráter: "Aí vem meu Bem-Amado, correndo pelos montes, saltitando nas colinas!". Era bem isso. As viagens ali se faziam, de fato, como que por saltos; mas nem por isso eram desprovidas de charme. Desprende-se da monotonia dessa natureza, sob um céu de fogo, uma essência onírica muito nobre, muito espiritualizada, que deve ter contribuído, ao que parece, para fazer dos poetas de Judá, por excelência, os poetas da alma e, mesmo em suas descrições da natureza, os poetas do intangível.

Seja como for, Jesus devia saborear melhor que ninguém todos os aspectos de sua pátria terrestre. Ele amava aquele solo onde sua carne divina havia germinado; era sensível, na própria medida da perfeição dessa carne, a tudo o que favorece, por fora, o instinto de beleza que ela encerra.

Aquele que dizia, às margens do lago: "Aprendei dos lírios do campo, como crescem!", esse havia deixado que seu olhar se demorasse com indulgência naqueles tapetes de anêmonas vermelhas que surgem em todo lugar sob nossos passos, *mais ricos que a púrpura de Salomão.*

Ele amava os trabalhos dos campos, que sempre reapareciam em suas parábolas. Amava as montanhas, as águas, as plantas de mil cores, mil perfumes, glória da terra, que ao mesmo tempo prova e simboliza a glória de Deus.

Ao longo de suas viagens, que seguramente tinham por objetivo algo além de uma contemplação estética, ele provavelmente não se proibia de deixar que seu olhar vagasse e seu coração se fixasse por um instante naquela natureza que semeava tesouros em seu caminho, como se lançam flores durante as procissões em nossos campos, nos passos do Deus peregrino.

*

Eram duas as principais estradas frequentadas pelo Senhor: aquelas que então interligavam Jerusalém à Galileia, duplo teatro de sua ação apostólica.

Uma coisa interessante a observar é que era principalmente na época de calor que Jesus percorria essas estradas.

É certo que ele as tomava, se necessário, em todos os climas, mesmo sob os ardores tórridos em pleno verão, mesmo nas neves derretidas e nos terrenos encharcados do inverno, e não é pouco tocante a visão de Jesus na chuva e na tormenta, em busca da ovelha perdida, ou realizando, atormentado de sede, no poço da Samaritana, a estrofe emocionada do *Dies iræ*: *Quærens me sedisti lassus*. "Vós vos sentastes, cansado, à minha procura." No entanto, isso não era o habitual. Nas duas estações extremas, havia um tempo de parada na vida judaica; Jesus então viajava pouco; seus circuitos, portanto, coincidiam mais com os belos dias, e

VIII. Jesus e a natureza

particularmente com as três grandes festas que todo judeu fervoroso celebrava: Páscoa, Pentecostes e Festa das Tendas.

Ele caminhava por curtos deslocamentos, para não interromper seu ministério, permanecendo de passagem nas cidades, pregando e curando, juntando-se no caminho a outros peregrinos, aproveitando o lazer e a tranquilidade das horas de caminhada para entrar nas almas e comover os corações.

Por vezes, partindo de Nazaré ou de Cafarnaum, adentrava aquele vale que descrevíamos, percorrendo as margens do Jordão em que os salgueiros e os loureiros cor-de-rosa mergulham seus ramos, e que desfia, com discreto ruído, seu rosário de colinas; detinha-se para evangelizar em múltiplos vilarejos que se escalonam à esquerda, passando de um a outro ao sabor das curvas escavadas nos vales, pelas quais estes se interligam como que por meio de pontes invertidas. Depois, ao chegar às proximidades do Mar Morto, que jazia lá embaixo, deitado aos pés do gigante Moab, como um gládio, ele se afastava do rio, atravessava Jericó, seguia por uma senda de rochas a famosa subida de *Adumim*, em que terrenos de cor sangrenta relembram ainda hoje a parábola do *Samaritano* e, fazendo uma última parada em Betânia, na casa de Lázaro, entrava em Jerusalém pelo *Getsêmani*.

Por fim, no mais das vezes, tomava a estrada de Samaria, a mais frequentada por muitos, a que era seguida por todos os peregrinos da Galileia na época das festas – aquela que o próprio Jesus havia seguido três vezes por ano, durante muito tempo e na qual, quando tinha doze anos de idade, o haviam perdido de vista.

Na saída de Nazaré, essa estrada passava pela grande planície de Esdrelon, verdadeiro celeiro da Palestina. Na primavera, ela é por inteiro uma imensa torrente verdejante em movimento, em que flores de todos os matizes formam um mosaico de tons cambiantes, e na qual repousa, majestosa, a taça invertida do Tabor. Mais longe, à esquerda: o Monte Gelboé, com Endor, aonde Saul veio consultar a pitonisa. No flanco dessas mesmas colinas, defendido por uma barreira de cactos com seus escudos espinhosos: o vilarejo de Naim, onde Jesus ressuscita o filho da viúva; Sunam, plena da lembrança do profeta Eliseu. Depois, En-Gannim, coroada de palmas, região dos dez leprosos do Evangelho. Depois, Dotain, onde José foi vendido. As caravanas de ismaelitas passam por lá até hoje, com suas longas filas de camelos, em direção ao Egito. Depois, Samaria, antiga capital de Israel; depois, Siquém, com seus ricos jardins, seu belo vale, seu templo – empoleirado no Gerizim, em concorrência com o de Jerusalém após o cisma samaritano –, e aquele poço de Jacó, do qual não conseguimos distanciar os passos, quando pensamos que ele viu sentar-se o divino Mestre, e que a paisagem que aí contemplamos se refletia em seus olhos quando ele dizia: "Vede os campos: estão brancos para a colheita...".

Por fim, Siló, onde repousava a arca; Betel, onde Jacó adormecido entreviu o céu; e, após quatro dias de caminhada, chega-se ao Monte Scopus, de onde o panorama de Jerusalém se desdobra diante do olhar.

Os velhos rabinos diziam: "Deus concedeu ao mundo dez medidas de beleza, e nove delas foram atribuídas a Jerusalém". Era provavelmente lá que eles se posicionavam para fazer tal julgamento. E, de fato, seria difícil encontrar mais bela posição. Em muitas ocasiões, decerto, Jesus, cansado das longas viagens, deve ter-se sentado em algum rochedo por ali e contemplado – com admiração e tristeza, ao pensar no futuro – a nobre e infortunada Jerusalém.

Quanto percorremos atualmente, em memória do divino Mestre, todos esses caminhos em que seus passos avançaram, não podemos deixar de constatar que perderam parte de seu encanto. O islamismo estendeu ali sua mortalha, como em todas as paragens onde ele impera. As belas florestas desapareceram, as culturas são raras, os vales foram invadidos pelo matagal. No lugar das vinhas e colheitas, das plantações de oliveiras dispostas em terraços – como no tempo em que, segundo a expressão do salmista, as colinas "cingiam-se de júbilo", os pastos "vestiam-se de ovelhas", e toda a terra como que "bradava de alegria" –, em toda parte reina a desolação. Os aquedutos foram demolidos, as populações atolam-se na indolência; a terra, inebriada de sol, suspira em vão pela gota d'água que a fecundaria e pelo pouco trabalho que dela extrairia riquezas. Enterrada sob a sarça, invadida de vegetações inúteis, em que o cardo, para falar deste único símbolo das ruínas, ultrapassa a cabeça de um homem a cavalo, essa terra agora, em vez de ser o brado de alegria do profeta, é tão somente um vasto apelo ao ser humano, que a abandonou.

E, no entanto, ela ainda é bela, a Palestina! Apreciamos constatá-lo e, se necessário, nós a embelezaríamos em espírito, como embelezamos tudo o que amamos. Suas grandes linhas não mudaram. Imaginamos sem esforço o que ela era quando o Salvador atravessou lentamente aqueles vales, transpôs os cimos das colinas, ora silencioso e rezando, ora conversando com os discípulos, deixando seus olhos beberem aquela luz, impregnarem-se com aquelas cores, contemplarem aquelas linhas tão amplas, tão nobres, mistura de energia e graça, e aquelas cintilações, que fazem nossas paisagens do Norte, quando voltamos da Palestina, parecerem tão cinzentas, tão escuras, como gravuras.

Dizemo-nos que a alma do Senhor devia desfrutar de tais espetáculos. E desfrutamos com ele. Então, coisa estranha, a própria desolação se torna um encanto. Ao longo das demoradas etapas em que não há nada para ver, apenas luz, cores, formas, e nenhuma vida, nada do que distrai e dispersa, o sonho se faz mais intenso. O olhar da alma se exerce melhor. A majestade das solidões se apodera de nós. O grande silêncio penetra-nos como um licor sutil. Vagos rumores circulam, descendo dos montes, subindo do solo, em que os passos dos cavalos ressoam estranhamente, como que lançando em nossa direção baforadas de lembranças que pouco a pouco nos invadem, preenchem nossa alma, fazem cantar todas as vozes do sonho.

Então, por vezes, sob o calor tórrido, o ser consciente adormece. Vamos embora, como que levados por uma força estrangeira. Circulamos exclusivamente através de uma rede sutil, de malhas invisíveis. E deixando derreter-se e desvanecer-se a personalidade fraca, buscamos viver a vida do Senhor, e por seus olhos olhamos, através da frouxa trama das coisas presentes, a riqueza ideal do passado.

*

Não podemos nos ater a isso quanto às relações de Jesus com a natureza.

Seria um erro infantil acreditar que ele poderia tê-la observado apenas como artista.

Mesmo para nós, a arte é apenas um divertimento sublime. É uma alegria pura, elevada; mas é uma alegria vã, quando ela permanece em si. Para que adquira valor, é preciso que ela se eleve acima de seu objeto terrestre, e que para além desse espelho que são as criaturas, ao seguir o raio, alcance sua fonte primordial, Deus.

Era isso o que Jesus Cristo realizava.

Uma tripla homenagem se elevava de sua alma a Deus, diante da natureza.

Ele O saudava como criador. Seu pensamento voltava, atravessando os séculos, àquele primeiro dia em que tudo saíra do interior de Deus; em que cada ser, por menor que fosse, era chamado por seu nome, por aquela pequena voz que confere o ser às coisas, e em que cada ser, por menor que fosse, era abençoado.

Ou antes, sem precisar voltar ao passado, ele via no próprio presente toda criatura suspensa a Deus, toda vida haurindo seu alimento daquela fonte, toda atividade procedendo d'Ele, toda existência acendendo-se n'Ele, toda riqueza procedendo da Sua, toda a natureza como uma emanação, um sopro da boca divina.

De fato, a ordem eterna é realmente assim.

Somente Deus existe por Si mesmo. Quando Ele Se nomeia, prova Seu direito de existir, visto que Ele é o *Ser*. Todos os outros, porém, tendo apenas um ser restrito, possuem apenas um ser emprestado e dependem do primeiro Ser. Como o raio depende do sol a cada minuto – visto que nele tem sua origem e o próprio centro de sua vida –, assim é toda a natureza.

Jesus Cristo a via desse modo.

E, depois de haver prosseguido essa contemplação indo de Deus à terra, ele a retomava em sentido inverso, por assim dizer, indo da terra a Deus. Seguia o raio do espelho ao objeto, do criado ao divino.

De fato, Deus não é apenas o criador das coisas: é o protótipo das coisas. Nenhuma beleza nos encantaria se não fosse um reflexo de Sua beleza; nenhuma grandeza nos impressionaria se não fosse uma imagem de Sua grandeza.

Deus! Ele é o que todas as vozes e todos os ecos deste mundo proclamam. Todos os tempos, todos os seres, todas as criações, todas as vidas balbuciam ao mesmo tempo aquele nome que os hebreus não ousavam pronunciar. E cada ser diz d'Ele uma sílaba. A luz tem a sua; a noite tem a sua. Aquelas noites orientais que Jesus amava, em cujo regaço iniciava sua oração noturna; aquelas horas luminosas e suaves, cuja majestade enternecida devia ser tão agradável ao estado de sua alma; ele via nelas a glória tranquila do Pai celeste, Seu olhar que acalenta e protege a terra. E de alto a baixo na escala dos seres, das imensidões às pequenezas, igualmente insondáveis nos abismos em que recuam, tudo lhe cantava seu Deus, tudo lhe dizia Sua glória, e tudo proclamava grande, e belo, e poderoso, e magnífico o Criador universal.

Eis, porém, um novo mistério. Aquele de que falamos, Jesus Cristo, é Deus; mas não é Deus simplesmente, é Deus *Sabedoria*, Deus *Beleza*, Deus espelho das perfeições do Pai: "imagem visível de Sua substância", diz São Paulo, "Verbo" ou "Palavra", diz São João – palavra interior e viva, que diz a Deus tudo o que Ele pensa e tudo o que Ele é.

É Jesus Cristo, portanto, ele próprio considerado segunda pessoa da Trindade, o *exemplar* universal, o *protótipo* dos seres, a *ideia* substancial, que a tudo abarca, em que o plano do mundo, por conseguinte, subsiste.

Assim, por um mistério que nos confunde – mas será que existe algo além de mistérios? –, Jesus Cristo reúne em si Deus e homem, a admiração da natureza e o controle da natureza. Ele olha e ele produz; é o modelo e desfruta da semelhança. Vê a natureza com um olhar duplo: um deles lançado para fora, para a cópia necessariamente fraca, o outro concentrado no interior, na ideia matriz que é o pensamento criador, que por sua vez é Deus.

Por fim, ele via todas as coisas saírem de Deus, refletirem Deus; via também todas as coisas retornarem a Deus.

A criação é um círculo. Deus produz; Sua obra se modifica, sob o império das leis que Ele lhe dá; ela busca seu caminho tateando, atravessando obstáculos e, depois, por um desvio profundo, retorna, dócil, a sua fonte.

Tudo trabalha para o Criador. Tudo deve consumar-se Nele, na paz de uma organização definitiva e imutável.

E Jesus via fazer-se esse futuro.

Via na natureza o operário de Deus; operário misterioso de uma obra ainda mais misteriosa, mas que Deus compreende e que ele conduz. "O homem se agita, Deus o conduz", disse Fenelon; a natureza se agita, Deus também a conduz. Como aquela força, tão suave quanto irresistível, que impele através dos espaços os astros vertiginosos e tranquilos, assim Jesus via a Providência. E unia-se a ela, e via seu papel na conclusão da obra, tal como São Paulo o descreve numa sublime visão: todas as coisas submetidas aos eleitos, e os eleitos submetidos a Cristo, e Cristo submetido a Deus. E isso eternamente!

Eis o que Jesus via, na natureza.

E tais visões grandiosas o seguiam em toda parte. Nos detalhes ínfimos de sua vida cotidiana, eram sua força.

Como imaginar Jesus Cristo, com sua alma imensa, interessando-se por aqueles nadas em meio aos quais ele vivia, se não os houvesse orientado para as imensidões dignas dele? Mas assim foi, e em sua vida frágil era esse o seu recurso, e, em seus sofrimentos, era sua alegria.

Ele queria que essa fosse também a alegria de seus discípulos, a nossa.

Cegos, disse ele um dia, *homens de pouca fé*, por que vos preocupais com o que vos acontece? Não se vendem dois pardais por um asse? E, no entanto, nenhum deles cai em terra sem o consentimento do vosso Pai. Vós não valeis mais que muitos pardais?

Vê-se que sua visão da natureza se transformava em suavidade, a serviço do homem.

Em vez daquele pessimismo perturbado que nosso século tanto aprecia, essência sutil e venenosa de que nossos poetas extraem grandes espetáculos – e que esgota a alma em vez de engrandecê-la –, Jesus mergulhava os seus na serenidade divina. Fazia-os seguir com o olhar as correntes amistosas da criação. A terra a serviço do homem, sua escrava, embora ela o faça sofrer; toda a natureza colaboradora do céu para levar ao resultado que esperamos: eis o que ele dizia a seus discípulos. E ele os inspirava a repeti-lo para nós.

Não será essa, de fato, a base de seu pensamento e a base da doutrina cristã?

Eis-nos saídos de Deus; toda a natureza procede d'Ele: e a partir da natureza e de nós mesmos, é preciso que voltemos a Deus.

Somos a imagem de Deus, a natureza, Seu vestígio: é preciso contemplá-Lo e honrá-Lo em tudo.

Retornamos a Deus; d'Ele nos separa um simples véu, que a morte se apronta para rasgar: mantenhamo-nos prontos e, em vez de deixar nossa vida seguir ao acaso, sem controle, sem esforços sobre nós mesmos, comprometamo-nos com o caminho traçado pelo Senhor. Sigamos a rota aonde vão todas as coisas, não inconscientes, como a natureza inferior; não rebeldes, como por vezes o somos – e nisso estamos muito equivocados: Sua vontade realizar-se-á de qualquer forma. Mas poderá realizar-se contra nós. Façamos com que se realize em nós, e por nós, felizes em caminhar para nosso Pai e fazer Sua vontade.

Você poderá interessar-se também por:

Cornelius Jansenius
DISCURSO DA REFORMA DO HOMEM INTERIOR

Tomando como ponto de partida uma passagem da epístola de São João, Cornelius Jansenius redige seu *Discurso da Reforma do Homem Interior* mais como obra devocional que como tratado teológico. O autor demonstra seu pessimismo em relação à natureza humana e discorre sobre a dependência absoluta da graça divina como único meio de vencer o pecado.

Os livros da Editora Filocalia são comercializados e distribuídos pela É Realizações.

facebook.com/erealizacoeseditora

twitter.com/erealizacoes

instagram.com/erealizacoes

youtube.com/editorae

issuu.com/editora_e

erealizacoes.com.br

atendimento@erealizacoes.com.br